マル韓国語

韓必南

※

全恵子

JN087021

朝日出版社

音声サイト URL

http://text.asahipress.com/free/korean/marukan/
index.html

表　　紙： 小熊 未央
イラスト： 小熊 未央

　本書は、初めて韓国語を学ぶ人々に向けた入門書です。近年、日本と韓国は様々な分野で人々が交流し、お互いの文化に興味を抱きながら隣人として親交を深めようとする動きが活発化しているように思われます。そのような背景のもと、初めて韓国語に出会う学習者に向けて、わかりやすく解説され実際に使えるような韓国語を身に着けることができるテキストを作ろうと、出版することになりました。

　「マル韓国語」のマル（마루）とは、固有語で「頂上」という意味を持っています。この名のとおり、韓国語の頂を目指して一歩ずつ学びを積み重ねていくことを願ってタイトルを付けました。

　本書は1年に90分または100分授業が25回から30回程度行われる高校及び大学の授業で使用されるのに適した内容で構成されています。文字・発音編では、学習者が自らの母語に照らし合わせて発音の要領が掴めるように解説し、文法・表現編ではなるべく自然な会話で文脈を構成するよう努めました。また、文法の解説は簡潔にまとめたうえで形式を見やすくしながら具体的な接続例と用例を示しました。学習文法がしっかりと身につくような練習問題を経てステップアップで応用力を身に着け、復習部分を設けることで学習した内容を振り返って再び定着させるように構成されています。

　自らの母語以外の言語に触れることは新たな発見と深い思考をもたらします。言語習得の過程では努力と根気が必要ですが、新たな言語を学ぶことの楽しさと難しさを感じながら、少しずつ話せるようになる喜びはひとしおです。短いフレーズでも自分の言葉で言いたいことを伝え、相手の言いたいことがわかるようになり、一層の交流と理解が深まることを望んでやみません。

　最後に、本書の出版にあたり、編集の立場より助言し、お世話して下さった朝日出版編集部の山田敏之さん・小髙理子さんに心より感謝いたします。

韓必南・全恵子

言語の名称

　これから皆さんが学ぼうとする言語は、朝鮮半島を中心に中国、アメリカ、日本などを含めて世界で約7000万人以上の話者がいると言われています。日本においてこの言語は「韓国語」「朝鮮語」「韓国朝鮮語」などと呼ばれていますが、語学授業においては現代韓国語で話されている言語のことを指します。また高校や大学で開講されている科目名も「韓国語」「朝鮮語」「コリア語」などとさまざまです。立場や信条の違いから異なった名称を持っている言語ですが、本書においては「韓国語」とします。そして、大韓民国の「標準語」に基づいた発音、表記に従っています。

ハングル

　韓国語を表記するための文字を「ハングル」と言います。ハングルは、15世紀中葉に創製された、創られた文字です。当時朝鮮王朝では漢字を借用した文字生活が営まれていました。しかし漢字を使って記録するというのは一部の階級の人々によるもので、一般の庶民はほぼ文字生活を営めていなかったと言えます。そのような状況の中、当時の王朝第四代国王の世宗が、朝鮮語の発音を、それを発音する時の調音器官の形態を基に創った文字がハングルです。当時は「訓民正音」という名のもとに公布されましたが、20世紀はじめに「ハングル」と呼ばれるようになりました。漢字に比べて覚えやすいハングルは、一般の人々の文字生活を支えるようになり、現在では漢字を用いずハングルだけで表記するに至っています。

ハングルの構成

　ハングルは子音と母音がそれぞれ1音1字母を持つ音素文字であると同時に、子音字と母音字が組み合さって1音節を構成する音節文字です。文字の形には大きく次の4つのパターンがあります。

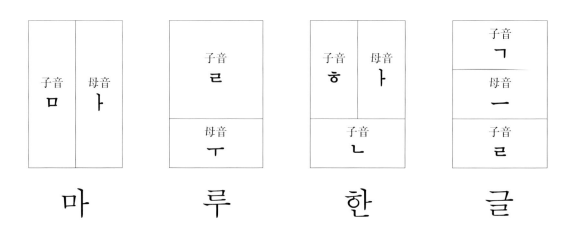

韓国語の音節は、子音＋母音の音節だけでなく子音＋母音＋子音というように、末音に子音がくる音節もあります。最初にくる子音を初声、母音を中声、音節の終わりに来る子音を終声と呼びます。書き方は、母音の形によって子音と母音が左右に並ぶものと上下に並ぶものがありますが、아[a]のように母音を書き表す時にも必ず無音の子音字とともに書き表さなりればなりません。

韓国語の言語的特徴

韓国語は日本語と同様に膠着語です。日本語とほぼ同じ語順で文が構成され、名詞には助詞が付き、動詞・形容詞には語尾が付きます。

저는　　한국어를　　공부합니다.

私は　　　　韓国語を　　　　　　勉強します。

名詞＋助詞　　　　名詞＋助詞　　　　　動詞＋語尾

日本語と類似しているのは語順だけではなく、助詞を持つことや敬語があるという文法的側面、また固有語と漢字語があるという語彙的側面からも似ている言語であると言えます。

名詞を含んで数詞、助数詞、疑問詞などは体言と言います。動詞・形容詞を含んで存在詞や指定詞など、語尾が変化して活用するものを用言と言います。また、語幹に補助語幹という接辞が付いて、過去形や尊敬の意味を表すことができます。

目　次

文字・発音編

文法・表現編

文字・発音編

第 1 課　母音(1)　単母音

韓国語の単母音は次の8つがあります。

ㅏ　ㅓ　ㅗ　ㅜ　ㅡ　ㅣ　ㅐ　ㅔ

文字として書き表す時は必ず無音の子音字 ㅇ と共に表記します。

♪ 1-2

練習 1　次の母音を発音しながら書いてみよう。

母音	母音字 書き順	発音のポイント	書いてみよう		
아 [a]	①↓ ②→	日本語のアよりやや大きく口を開ける。	아		
어 [ɔ]	①→ ②↓	日本語のオより大きく口を開ける。	어		
오 [o]	①↓ ②→	日本語のオより唇を丸めて前に突き出す。	오		
우 [u]	①→ ②↓	日本語のウより唇を丸めて前に突き出す。	우		
으 [ɯ]	①→	日本語のウより唇を横に引く。	으		
이 [i]	①↓	日本語のイよりやや唇を横に引く。	이		
애 [ɛ]	①↓ ②↓ ③↓	日本語のエより大きく口を開ける。	애		
에 [e]	①↓ ②→ ③↓	日本語のエのように発音する。	에		

参考　애 と 에 は実際にはいずれも [e] で発音されることが多いです。

練習 2 　次の母音を聞き取って正しいものに○を付けよう。　
1-3

(1) 아　　어　　　　　(3) 오　　우　　　　　(5) 애　　아

(2) 으　　이　　　　　(4) 으　　우　　　　　(6) 어　　오

練習 3 　次の単語を聞いて、発音しながら書いてみよう。
1-4

아이 子供				
오이 きゅうり				
우아 優雅				
에이 A				

参考 　単母音の舌の位置や口の開き方を、母音三角形を参考にして発音しましょう。

【母音三角形】　（舌の位置）
前舌部分が上がる ⟵　　　⟶ 後舌部分が上がる

（口の開き）
狭い

으

이　　　　　　　　　　　　우

에　　　　　　　　　오

애　　　　어

아

広い

제 2 과 母音(2) 重母音(半母音[j]+単母音)

半母音と単母音が結合した母音で、日本語のヤ行のように発音します。

ㅑ ㅕ ㅛ ㅠ ㅒ ㅖ

1-5

練習 1 次の母音を発音しながら書いてみよう。

母音	母音字 書き順	発音のポイント	書いてみよう		
야 [ja]	①ㅑ→②③	日本語のヤのように、半母音[j]に아をつける。	야		
여 [jɔ]	①→②ㅕ	日本語のヨのように、半母音[j]に어につける。	여		
요 [jo]	① ②③→	日本語のヨのように、半母音[j]に오をつける。	요		
유 [ju]	①ㅠ②③	日本語のユのように、半母音[j]に우をつける。	유		
애 [jɛ]	①②③④	日本語のエより大きく口を開けてイェと発音する。	애		
예 [je]	①→③②ㅖ	外来語のイェのように半母音[j]に에をつける。	예		

参考 애 と 예 は実際にはいずれも [je] で発音されることが多いです。また、子音とともに発音される時には単母音 [e] と発音されます。

1-6

練習 2 次の母音を聞き取って、正しいものに○を付けよう。

(1) 야　여　　　　(3) 요　유　　　　(5) 야　요

(2) 여　유　　　　(4) 야　애　　　　(6) 여　예

練習 3 　次の単語を聞いて、発音しながら書いてみよう。　　　　　　　　　　　
1-7

우유 牛乳				
이유 理由				
예 はい				
여유 余裕				
여우 きつね				

★ 覚えておこう　韓国語の母音の基本的な配列です。順序を覚えましょう。（辞書の配列順）　♪ 1-8

아 야 어 여 오 요 우 유 으 이

아	야	어	여	오	요	우	유	으	이

参考　애 얘 에 예 を加えると、「아 애 야 얘 어 에 여 예 오 요 우 유 으 이」の順序になります。

제 **3** 과　子音(1)

　韓国語の子音字は19個あります。この課ではまず基本となる10個の子音字を学びます。ハングルの子音字にはそれぞれ名前があることも覚えておいてください。

ㄱ　ㄴ　ㄷ　ㄹ　ㅁ　ㅂ　ㅅ　ㅇ　ㅈ　ㅎ
기역　니은　디귿　리을　미음　비읍　시옷　이응　지읒　히읗

♪
1-9

練習 1　次の子音に母音ㅏ[a] をつけて、発音しながら書いてみよう。

子音	書き順	発音のポイント	書いてみよう		
ㄱ [k/g]	①ㄱ	[k]の音価を持つが、語中では有声音[g]で発音する。日本語のカ行、ガ行に近い。	가		
ㄴ [n]	①ㄴ	[n]の音価を持つ。日本語のナ行に近い。	나		
ㄷ [t/d]	①②ㄷ	[t]の音価を持つが、語中では有声音[d]で発音する。日本語のタ行のタ、テ、トに近い。	다		
ㄹ [r]	①②③ㄹ	[r]の音価を持つ。日本語のラ行に近い。	라		
ㅁ [m]	①②③ㅁ	[m]の音価を持つ。日本語のマ行に近い。	마		
ㅂ [p/b]	①③②④ㅂ	[p]の音価を持つが、語中では有声音[b]で発音する。日本語のパ行、バ行に近い。	바		
ㅅ [s]	①②ㅅ	[s]の音価を持つ。日本語のサ行に近い。	사		
ㅇ [無音]	①ㅇ	初声では無音。	아		
ㅈ [tʃ/dʒ]	①②ㅈ	[tʃ]の音価を持つが、語中では有声音[dʒ]で発音する。日本語のチャ行に近い。	자		
ㅎ [h]	②①③ㅎ	[h]の音価を持つ。日本語のハ行に近い。	하		

★ 覚えておこう　有声音化

　この課で学んだ子音のうち、ㄱ、ㄷ、ㅂ、ㅈ を平音といいます。平音は語頭では無声音ですが、語中では有声音、つまり濁って発音されます。このような現象を有声音化といいます。

고기 [koɡi]

練習 2　次の単語を聞いて、発音しながら書いてみよう。

♪
1-10

고기 肉				누구 誰			
어디 どこ				나라 国			
머리 頭				나무 木			
다리 脚				바다 海			
가수 歌手				지하 地下			
나비 蝶々				지구 地球			
소리 音				하루 一日			
오후 午後	P.M.3:00			누나 姉			

제 **4** 과　子音⑵　激音と濃音

この課では、平音 ㄱ, ㄷ, ㅂ, ㅈ とそれぞれ同じ系統の激音と濃音を学習します。

激音とは強く息をはく音で、次の4つがあります。

激音　ㅋ　ㅌ　ㅍ　ㅊ

♪ 1-11
練習 1　次の子音に母音ㅏをつけて発音しながら書いてみよう。

平音	激音	書き順	発音のポイント	書いてみよう		
ㄱ	ㅋ [kʰ]	ㅋ ①②	息をはき出すように発音し、ㄱよりも音が高い。	카		
ㄷ	ㅌ [tʰ]	ㅌ ①②③	息をはき出すように発音し、ㄷよりも音が高い。	타		
ㅂ	ㅍ [pʰ]	ㅍ ①②③④	息をはき出すように発音し、ㅂよりも音が高い。	파		
ㅈ	ㅊ [tɕʰ]	ㅊ ①②③	息をはき出すように発音し、ㅈよりも音が高い。	차		

濃音とは喉を緊張させて息をはかない音で、次の5つがあります。

濃音　ㄲ　ㄸ　ㅃ　ㅆ　ㅉ

♪ 1-12
練習 2　次の子音に母音ㅏをつけて発音しながら書いてみよう。

平音	激音	濃音	書き順	発音のポイント	書いてみよう		
ㄱ	ㅋ	ㄲ [ʔk]	ㄲ ①②	息をはかずに発音し、母音ㅏをつけると日本語の「うっかり」の「っか」と似ている。	까		
ㄷ	ㅌ	ㄸ [ʔt]	ㄸ ①②③④⑤	息をはかずに発音し、母音ㅏをつけると日本語の「はったり」の「った」と似ている。	따		
ㅂ	ㅍ	ㅃ [ʔp]	ㅃ ①②③⑤⑥④⑦⑧	息をはかずに発音し、母音ㅏをつけると「やっぱり」の「っぱ」と似ている。	빠		
ㅅ	ㅡ	ㅆ [ʔs]	ㅆ ①②③④	息をはかずに発音し、母音ㅏをつけると「あっさり」の「っさ」と似ている。	싸		
ㅈ	ㅊ	ㅉ [ʔtɕ]	ㅉ ①②③④	息をはかずに発音し、母音ㅏをつけると「ピッチャー」「～ちゃん」の「っちゃ」と似ている。	짜		

練習 3　発音された文字を聞き取って、正しいものに〇を付けよう。　♪ 1-13

(1) 가　　카　　까　　　　(3) 다　　타　　따　　　(5) 바　　파　　빠

(2) 자　　차　　짜　　　　(4) 사　　싸

練習 4　次の単語を聞いて、発音しながら書いてみよう。　♪ 1-14

코 鼻					
커피 コーヒー					
토마토 トマト					
포도 ぶどう					
우표 切手					
치마 スカート					
고추 唐辛子					
꼬리 しっぽ					
뜨다 浮く					
아빠 パパ					
싸다 安い					
가짜 偽物					

4課　子音（2）　激音と濃音　　9

★ 覚えておこう　韓国語の辞書や索引の基本的な配列です。順序を覚えましょう。

♪ 1-15

가 나 다 라 마 바 사 아 자 차 카 타 파 하

調音器官

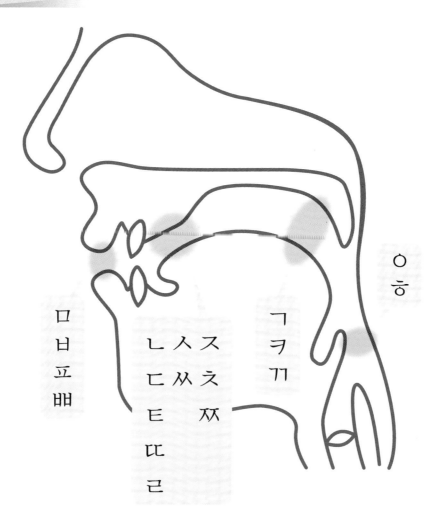

	ㅏ	ㅑ	ㅓ	ㅕ	ㅗ	ㅛ	ㅜ	ㅠ	ㅡ	ㅣ
ㄱ	가	갸	거	겨	고	교	구	규	그	기
ㄴ	나	냐	너	녀	노	뇨	누	뉴	느	니
ㄷ	다	댜	더	뎌	도	됴	두	듀	드	디
ㄹ	라	랴	러	려	로	료	루	류	르	리
ㅁ	마	먀	머	며	모	묘	무	뮤	므	미
ㅂ	바	뱌	버	벼	보	뵤	부	뷰	브	비
ㅅ	사	샤	서	셔	소	쇼	수	슈	스	시
ㅇ	아	야	어	여	오	요	우	유	으	이
ㅈ	자	*쟈	저	*져	조	*죠	주	*쥬	즈	지
ㅊ	차	*챠	처	*쳐	초	*쵸	추	*츄	츠	치
ㅋ	카	캬	커	켜	코	쿄	쿠	큐	크	키
ㅌ	타	탸	터	텨	토	툐	투	튜	트	티
ㅍ	파	퍄	퍼	펴	포	표	푸	퓨	프	피
ㅎ	하	햐	허	혀	호	효	후	휴	흐	히

⚠ **注意** 쟈 져 죠 쥬 は発音上 자 저 조 주 と同じです。
챠 쳐 쵸 츄 は発音上 차 처 초 추 と同じです。

제 **5** 과　母音(3)　重母音(半母音[w]＋単母音)

半母音 [w] ＋単母音の重母音には、ㅗ系列、ㅜ系列があります。

ㅗ系列と ㅜ系列は日本語のワ行のように発音します。

ㅘ ㅙ ㅚ

練習 1　次の母音に ○ をつけ発音しながら書いてみよう。

1-16

			書き順	書いてみよう		
ㅗ系列	ㅗ ＋ ㅏ	ㅘ [wa]		와		
	ㅗ ＋ ㅐ	ㅙ [wɛ]		왜		
	ㅗ ＋ ㅣ	ㅚ [we]		외		

ㅝ ㅞ ㅟ

練習 2　次の母音に ○ をつけ発音しながら書いてみよう。

1-17

			書き順	書いてみよう		
ㅜ系列	ㅜ ＋ ㅓ	ㅝ [wɔ]		워		
	ㅜ ＋ ㅔ	ㅞ [we]		웨		
	ㅜ ＋ ㅣ	ㅟ [wi]		위		

参考　実際には 왜、외、웨 の発音の区別はほとんどなく、いずれも [we] で発音されることが多いです。

ㅡ [ɯ] と ㅣ [i] が組み合わさった二重母音です。ㅡ [w] と 이 [i] を続けて素早く発音します。

ㅢ

練習 3　次の母音に ○ をつけ発音しながら書いてみよう。

1-18

		書き順	書いてみよう		
ㅡ ＋ ㅣ	ㅢ [ɯi]		의		

⚠ **注意**　의は単語の語頭に来ると [의]、語中では [이] と発音されます。의자 [의자]　주의 [주이] となります。

練習 4　次の母音を聞き取って正しいものに○を付けよう。　♪ 1-19

(1)　와　　왜　　　　(3)　워　　웨　　　　(5)　외　　　위

(2)　위　　외　　　　(4)　의　　외　　　　(6)　위　　　의

練習 5　次の単語を聞いて、発音しながら書いてみよう。　♪ 1-20

과자 お菓子				
왜 なぜ				
회사 会社				
샤워 シャワー				
웨이터 ウェイター				
가위 はさみ				
의자 椅子				
주의 注意				
저희 私たち				

第 6 課　子音(3)　パッチム(받침)

　パッチムとは、音節末にくる子音字のことを言います。16個の子音字で書き表しますが、発音は7つだけです。音の特徴によって**鼻音**、**流音**、**閉鎖音**に分けられます。

鼻音　ㄴ　ㅁ　ㅇ　流音　ㄹ

♪ 1-21

練習 1　次のパッチムを、母音 아 につけて発音しながら書いてみよう。

発音	使われる子音字	発音のポイント	書いてみよう		
ㄴ [n]	ㄴ	「アンナイ」の「ン」のような発音で、舌先を上あごの歯茎につける。	안		
ㅁ [m]	ㅁ	「アンパン」の「ン」のような発音で、唇を閉じる。	암		
ㅇ [ŋ]	ㅇ	「アンガイ」の「ン」のような発音で、唇を閉じない。	앙		
ㄹ [l]	ㄹ	英語の [l] に近い発音で、舌先の裏を上あごにつける。	알		

閉鎖音　ㄱ　ㄷ　ㅂ

♪ 1-22

練習 2　次のパッチムを、母音 아 につけて発音しながら書いてみよう。

発音	使われる子音字	発音のポイント	書いてみよう		
ㄱ [k]	ㄱ ㅋ ㄲ	「パック」「サッカー」の「ッ」を発音する際の口の構えで、舌の奥の方を上あごにつけて息を止める。	악		
ㄷ [t]	ㄷㅌㅅㅆ ㅈㅊㅎ	「やっと」「さっと」の「っ」を発音する際の口の構えで、舌先を上の歯茎の裏につけて息を止める。	앋		
ㅂ [p]	ㅂ ㅍ	「アップ」「シップ」の「ッ」を発音する際の口の構えで、唇をしっかり閉じて息を止める。	압		

練習 3 次の発音を聞き取って正しいものに○を付けよう。　♪ 1-23

(1) 안　암　　　(3) 앙　안　　　(5) 악　앝　　　(7) 압　알

(2) 암　압　　　(4) 안　앝　　　(6) 앙　악

練習 4 次の単語を聞いて、発音しながら書いてみよう。　♪ 1-24

책 本				한국 韓国			
친구 友達				맛 味			
받다 もらう				일본 日本			
김치 キムチ				이름 名前			
밥 ごはん				빵 パン			
안경 メガネ				선생님 先生			
밖 外				앞 前			
부엌 台所				벚꽃 さくら			

発音規則

韓国語は表記と実際の発音とが異なる場合が多くあります。ここでは、基本的な発音の変化に対する規則を学びます。

1-25

1. 連音化

パッチムの後に母音が続くと、その子音は後の母音について発音されます。

表記		発音
한국어	→	[한**구거**]
한일	→	[**하닐**]

1-26

練習 1　発音してみよう。

집에　음악　믿어요　연애　없어　값이　넓은

⚠ **注意**　밖에の場合、パッチム ㄲ は一文字なので分離せず、後の母音について発音されます。

[바께] ○　　[박게] ×

1-27

2. 鼻音化

パッチムの [ㄱ], [ㄷ], [ㅂ] の後に鼻音 ㄴ, ㅁ が続くと、[ㄱ], [ㄷ], [ㅂ] はそれぞれ [ㅇ], [ㄴ], [ㅁ] と発音されます。

表記		発音
학년	→	[**항년**]
믿는다	→	[**민는다**]
입니다	→	[**인니다**]

★ **覚えておこう**　閉鎖音と鼻音の対応

パッチム	閉鎖音 （息を出さずつまる音）	鼻音 （鼻から息が出る音）
口や舌の構えが同じ	[ㄱ] ㄱ , ㅋ , ㄲ	[ㅇ] ㅇ
口や舌の構えが同じ	[ㄷ] ㄷ , ㅌ , ㅅ , ㅆ , ㅈ , ㅊ , ㅎ	[ㄴ] ㄴ
口や舌の構えが同じ	[ㅂ] ㅂ , ㅍ	[ㅁ] ㅁ

1-28

練習 2　発音してみよう。

작년　옛날　박물관　꽃만　십년　밥맛

3. ㅎ弱化

♪ 1-29

ㅎは、ㄴ, ㅁ, ㅇ, ㄹ の後や**母音音節**の前にくると発音されないことが多いです。

表記		発音
전화	→	[저놔]
좋아요	→	[조아요]

練習 3 発音してみよう。

♪ 1-30

은행　문화　영화　열심히　결혼　무궁화　많이　싫어하다　장화　회화

4. 激音化

♪ 1-31

パッチムの [ㄱ], [ㄷ], [ㅂ] に ㅎ が続くと、パッチムと ㅎ が融合して激音 [ㅋ], [ㅌ], [ㅍ], [ㅊ] として発音されます。また、パッチムの ㅎ に ㄱ, ㄷ, ㅈ が続く時も ㅎ と ㄱ, ㄷ, ㅈ が融合してそれぞれ激音 [ㅋ], [ㅌ], [ㅊ] として発音されます

表記		発音
입학	→	[이팍]
축하합니다	→	[추카합니다]

練習 4 発音してみよう。

♪ 1-32

좋다　시작하다　놓고　싫지　깨끗하다　않다　잡화　백화점　따뜻하다

5. 濃音化

♪ 1-33

パッチムの [ㄱ], [ㄷ], [ㅂ] に続く ㄱ, ㄷ, ㅂ, ㅅ, ㅈ は、それぞれ濃音 ㄲ, ㄸ, ㅃ, ㅆ, ㅉ として発音されます。

表記		発音
학교	→	[학꾜]
잡지	→	[잡찌]

練習 5 発音してみよう。

♪ 1-34

국밥　떡국　하십시오　식당　왔다　숙제　맥주

文字と発音の復習

習ったハングルをすらすら読んでみよう。

1-35

(1) 有声音化

그리고 (そして)　어디 (どこ)　피부 (皮膚)

시장 (市場)　한국 (韓国)　감동 (感動)

일본 (日本)　경제 (経済)

1-36

(2) 連音化

책이 (本が)　밖은 (外は)　산에 (山に)

집에 (家に)　사람이 (人が)　하늘은 (空は)

입이 (口が)　잎이 (葉っぱが)　맛이 (味が)　꽃을 (花を)

앉았습니다 (座りました)　닮았습니다 (似ています)

없어졌습니다 (無くなりました)

1-37

(3) 鼻音化

한국말이 재미있습니다. (韓国語が面白いです。)

저는 일본 사람입니다. (私は日本人です。)

안녕하십니까? (こんにちは。)

문을 닫는다. (扉を閉める。)

숲만 있습니다. (森だけあります。)

집을 찾는다. (家を探す。)

1-38

(4) ㅎ弱化

좋아합니다. (好きです。)

비가 많이 옵니다. (雨がたくさん降っています。)

싫어합니다. (嫌いです。)

⑸ **激音化**

수입을 시작합니다. (授業を始めます。)

생일 축하합니다. (お誕生日おめでとうございます。)

대학교에 입학했습니다. (大学に入学しました。)

공기가 좋지 않습니다. (空気がよくありません。)

짐을 놓고 싶습니다. (荷物を置きたいです。)

일이 많다. (仕事が多い。)

⑹ **濃音化**

학교 근처에 있습니다. (学校の近所にあります。)

학생 식당에 가십시오. (学生食堂に行きなさい。)

김밥을 좋아합니다. (のりまきが好きです。)

친구를 소개하십시오. (友達を紹介しなさい。)

숙제가 많습니다. (宿題が多いです。)

【平音・激音・濃音の対応】

平音	ㄱ	ㄷ	ㅂ	ㅅ	ㅈ
激音	ㅋ	ㅌ	ㅍ	―	ㅊ
濃音	ㄲ	ㄸ	ㅃ	ㅆ	ㅉ

【パッチムの音】

閉鎖音	鼻音	流音
ㄱ [k]	ㅇ [ŋ]	―
ㄷ [t]	ㄴ [n]	ㄹ [l]
ㅂ [p]	ㅁ [m]	―

ひらがなとハングルの対応表

カナ						ハングル				
あ	い	う	え	お		아	이	우	에	오
か	き	く	け	こ	語頭	가	기	구	게	고
					語中	카	키	쿠	케	코
さ	し	す	せ	そ		사	시	스	세	소
た	ち	つ	て	と	語頭	다	지	쓰	데	도
					語中	타	치		테	토
な	に	ぬ	ね	の		나	니	누	네	노
は	ひ	ふ	へ	ほ		하	히	후	헤	호
ま	み	む	め	も		마	미	무	메	모
や		ゆ		よ		야		유		요
ら	り	る	れ	ろ		라	리	루	레	로
わ				を		와				오
ん				っ		ㄴ				ㅅ
が	ぎ	ぐ	げ	ご		가	기	구	게	고
ざ	じ	ず	ぜ	ぞ		자	지	즈	제	조
だ	ぢ	づ	で	ど		다	지	즈	데	도
ば	び	ぶ	べ	ぼ		바	비	부	베	보
ぱ	ぴ	ぷ	ぺ	ぽ		파	피	푸	페	포

カナ					ハングル		
きゃ	きゅ	きょ	語頭	갸		규	교
			語中	캬		큐	쿄
ぎゃ	ぎゅ	ぎょ		갸		규	교
しゃ	しゅ	しょ		샤		슈	쇼
じゃ	じゅ	じょ		자		주	조
ちゃ	ちゅ	ちょ	語頭	자		주	조
			語中	차		추	초
ひゃ	ひゅ	ひょ		햐		휴	효
びゃ	びゅ	びょ		뱌		뷰	뵤
ぴゃ	ぴゅ	ぴょ		퍄		퓨	표
みゃ	みゅ	みょ		먀		뮤	묘
りゃ	りゅ	りょ		랴		류	료

・長音は表記しない。

練習 1 ハングルで書いてみよう。

(1) 名前：＿＿＿＿＿＿＿＿＿＿＿＿＿   (2) 最寄りの駅：＿＿＿＿＿＿＿＿＿＿＿＿＿＿＿

練習 2 ハングルで書いてみよう。

(1) 新宿 ＿＿＿＿＿＿＿＿   (5) 大阪 ＿＿＿＿＿＿＿＿   (9) 東京 ＿＿＿＿＿＿＿＿

(2) 仙台 ＿＿＿＿＿＿＿＿   (6) 札幌 ＿＿＿＿＿＿＿＿   (10) 沖縄 ＿＿＿＿＿＿＿＿

(3) 鈴木 ＿＿＿＿＿＿＿＿   (7) 木村 ＿＿＿＿＿＿＿＿   (11) 佐藤 ＿＿＿＿＿＿＿＿

(4) 新太郎 ＿＿＿＿＿＿＿   (8) 太郎 ＿＿＿＿＿＿＿＿   (12) 祐樹 ＿＿＿＿＿＿＿＿

練習 3 日本語で簡単な日記を書いて、対応表（P.20）を見ながらハングル表記に直してみよう。

＿＿

＿＿

＿＿

＿＿

＿＿

＿＿

＿＿

＿＿

＿＿

＿＿

♪ あいさつの表現

韓国語であいさつしてみよう。

❶ 안녕하세요?
こんにちは。

네, 안녕하세요?
はい、こんにちは。

안녕히 계세요.
さようなら（残る人に）

❷ 안녕히 가세요.
さようなら（去る人に）

❸ 처음 뵙겠습니다. ○○○라고 합니다.
잘 부탁합니다.
はじめまして。○○○と申します。よろしくお願いします。

（만나서）반갑습니다.
○○○입니다.
（お目にかかれて）うれしいです。○○○です。

❹ 죄송합니다.
미안합니다.
すみません。

괜찮아요.
大丈夫です。

아니에요.
いいえ。

❺ 고맙습니다.
ありがとうございます。

文法・表現編

제 1 과 저는 야마다 유이입니다.
私は山田結衣です。

学習文法

1. – 는 / 은 ～は
2. – (이) 라고 합니다 ～と申します、～と言います
3. – 입니다 ～です， – 입니까? ～ですか

♪ 2-1 ### 会話

유 이 : 안녕하세요? 처음 뵙겠습니다.

태 형 : 안녕하세요? 저는 김 태형이라고 합니다.

유 이 : 저는 야마다 유이입니다. 만나서 반갑습니다.

태 형 : 예. 잘 부탁합니다. 유이 씨는 학생입니까?

유 이 : 네. 대학생입니다.

♪ 2-2 ### 語彙

안녕하세요	こんにちは	입니까?	～ですか
처음 뵙겠습니다	はじめまして	(만나서) 반갑습니다	お会いできてうれしいです
저	私	잘 부탁합니다	よろしくお願いします
– 는 / 은	～は	네, 예	はい
– (이) 라고 합니다	～と申します	– 씨	～さん
	～と言います	학생	学生
– 입니다	～です	대학생	大学生

♪ 2-3 ### 発音

뵙겠습니다 [뵙**껜씀**니다]　　　반갑습니다 [반갑**씀**니다]

합니다 [**함**니다]　　　　　　　부탁합니다 [부**타캄**니다]

입니다 [**임**니다]　　　　　　　학생 [학**쎙**]

文法 1 **– 는/은　〜は**

　主題を表わす助詞で、主に日本語の「〜は」にあたります。母音終わりの名詞と子音終わりの名詞では形が異なります。

母音終わり (=パッチム無し) の名詞	**– 는**	저는	私は	저는 대학생입니다. ♪ 2-4
				私は大学生です。
子音終わり (=パッチム有り) の名詞	**– 은**	이름은	名前は	이름은 스즈키입니다.
				名前は鈴木です。

練習 1　（　）に「〜は」にあたる韓国語の助詞を付けてみよう。

(1) 나이 (　　)　　歳は　　　(3) 가족 (　　)　　家族は　　　(5) 학교 (　　)　　学校は

(2) 이것 (　　)　　これは　　(4) 주소 (　　)　　住所は　　　(6) 고향 (　　)　　故郷は

★ 覚えておこう　韓国語の指示表現

이	この	이 사람	この人	이것 (이거)	これ
그	その	그 사람	その人	그것 (그거)	それ
저	あの	저 사람	あの人	저것 (저거)	あれ

※（　）は話しことば

文法 2 **– (이)라고 합니다　〜と申します、〜と言います**

　名詞に付いて人やものの名前を述べる時に使う表現です。母音終わりの名詞と子音終わりの名詞では形が異なります。

	平叙形	疑問形
母音終わりの名詞	**– 라고 합니다**	**– 라고 합니까?**
子音終わりの名詞	**– 이라고 합니다**	**– 이라고 합니까?**

　야마다 유이라고 합니다.　　이것은 무엇이라고 합니까? ♪
　山田結衣と申します。　　　これは何と言いますか。　　　　2-5

練習 2　下線部分に「私は〜と申します」または「これ（이것）は〜と言います」にあたる表現を入れて文を完成させよう。

(1) ＿＿＿＿＿＿＿　김 혜정 ＿＿＿＿＿＿＿＿＿＿＿＿＿＿＿.

(2) ＿＿＿＿＿＿＿　사사키 마오 ＿＿＿＿＿＿＿＿＿＿＿＿.

(3) ＿＿＿＿＿＿＿　박 지민 ＿＿＿＿＿＿＿＿＿＿＿＿＿＿.

(4) ＿＿＿＿＿＿＿　최 예림 ＿＿＿＿＿＿＿＿＿＿＿＿＿＿.

(5) ＿＿＿＿＿＿＿　의자 ＿＿＿＿＿＿＿＿＿＿＿＿＿＿＿.　椅子

(6) ＿＿＿＿＿＿＿　책상 ＿＿＿＿＿＿＿＿＿＿＿＿＿＿＿.　机

文法 3 | − 입니다 　〜です，− 입니까 ? 　〜ですか

名詞に付く文末語尾で、日本語の「〜です」「〜ですか」と同様に丁寧な表現です。母音終わりの名詞でも子音終わりの名詞でも同じ形が付きます。

♪
2-6

平叙形　名詞 − **입니다**　　　　　　疑問形　名詞 − **입니까 ?**

　　学校입니다.　学校です。　　　　　　어디입니까?　どこですか。
　　학생입니다.　学生です。　　　　　　선생님입니까?　先生ですか。

★ 覚えておこう

疑問詞 무엇(何) / 누구(誰) / 어디(どこ) / 언제(いつ) に − 입니까? を付けて練習してみましょう。

練習 3 　(　　) に「〜ですか」「〜です」にあたる語尾を入れて対話文を完成させよう。

(1) A : 누구(　　　　　　　　)　　　B : 남동생(　　　　　　　　)　　誰/弟

(2) A : 밖(　　　　　　　　)　　　B : 집(　　　　　　　　)　　外/家

(3) A : 언제(　　　　　　　　)　　　B : 오늘(　　　　　　　　)　　いつ/今日

(4) A : 무엇(　　　　　　　　)　　　B : 교과서(　　　　　　　　)　　何/教科書

(5) A : 한국 사람(　　　　　　　　)　　　B : 일본 사람(　　　　　　　　)　　韓国人/日本人

(6) A : 회사원(　　　　　　　　)　　　B : 학생(　　　　　　　　)　　会社員/学生

練習 4 　[　　] から適切な疑問詞を選んで、対話文を完成させよう。

例 A : [무엇 / 누구 / (어디)] 입니까?　どこですか?　　　B : 공원입니다.　公園です。

(1) A : [무엇 / 누구 / 어디]　　　　　B : 어머니　　お母さん

(2) A : [무엇 / 누구 / 어디]　　　　　B : 가방　　鞄

(3) A : [무엇 / 누구 / 어디]　　　　　B : 마트　　マート、大型スーパー

(4) A : [무엇 / 누구 / 어디]　　　　　B : 도서관　　図書館

(5) A : [무엇 / 누구 / 어디]　　　　　B : 커피　　コーヒー

1 韓国語に直してみよう。

(1) はじめまして。私は（名前）です。

(2) こんにちは。（名前）と申します。

(3) お会いできてうれしいです。

(4) よろしくお願いします。

(5) ～さんは大学生ですか。

2 ペアになって「日本語で（일본어로）/韓国語で（한국어로）何と言いますか。」という表現を使って相手と対話してみよう。

例　A：「고향」은 일본어로 뭐라고 합니까？　　　B：「故郷」라고 합니다.
　　 A：「故郷」는 한국어로 뭐라고 합니까？　　　B：「고향」이라고 합니다.

(1) 학교

(2) 한국어

(3) 선생님

(4) 집

(5) 他の単語を使って、例のように相手と話してみよう。

3 次の音声を聞いて（　　　）の中を埋めてみよう。　　　♪ 2-7

(1) 안녕하세요?　저는 (　　　　　　　　　　　).

(2) 안녕하세요?　(　　　　　　　　) 는 회사원 (　　　　　　　)?

(3) 아니요. 저는 (　　　　　　　　).

(4) 만나서 (　　　　　　　　).

(5) 잘 (　　　　　　　).

제 2 과 한국 사람이에요?
韓国人ですか。

学習文法

1. －예요/이에요(?) 〜です（か） 3. －가/이 아니에요(?) 〜ではありません（か）
2. －가/이 〜が

会話

유이: 태형 씨, 저 사람 누구예요?

태형: 저 사람은 제 친구예요.

유이: 한국 사람이에요?

태형: 아니요, 일본 사람이에요.

유이: 우리 학교 학생이에요?

태형: 아니요. 이 학교 학생이 아니에요.

語彙

저	あの、私	우리	私たち
사람	人	학교	学校
누구	誰	아니요	いいえ
제	私の	이	この
친구	友達	－예요/이에요(?)	〜です（か）
한국 사람	韓国人	－가/이 아니에요(?)	〜ではありません（か）
일본 사람	日本人		

発音

예요 [에요]   사람이에요 [사**라미**에요]   학생 [학**쌩**]

사람은 [사**라믄**]   학교 [학**꾜**]

文法 1   – 예요/이에요(?)   ～です(か)

名詞に付く文末語尾です。1課で学んだ – 입니다, – 입니까? と同様に「～です」「～ですか」
にあたる丁寧な表現です。

		平叙文	疑問文	♪ 2-11
母音終わりの名詞	– **예요**(?)	학교예요. 学校です。	어디예요? どこですか。	
子音終わりの名詞	– **이에요**(?)	학생이에요. 学生です。	선생님이에요? 先生ですか。	

練習 1   (　　) に「～ですか」「～です」にあたる語尾を入れて対話文を完成させよう。

(1) A : 누구 (　　　　　　)　　　　B : 저 (　　　　　　)　　　　誰 / 私

(2) A : 어디 (　　　　　　)　　　　B : 집 (　　　　　　)　　　　どこ / 家

(3) A : 언제 (　　　　　　)　　　　B : 오늘 (　　　　　　)　　　　いつ / 今日

(4) A : 뭐 (　　　　　　)　　　　B : 선물 (　　　　　　)　　　　何 / プレゼント

(5) A : 한국 사람 (　　　　　　)　　　　B : 일본 사람 (　　　　　　)　　　　韓国人 / 日本人

★ 覚えておこう – 입니다, – 입니까? とは次のような違いがあります。

	名詞 – 입니다, 名詞 – 입니까?	名詞 – 예요/ 이에요(?)
文体の名称	합니다体	해요体
使われる場面	あらたまった場面	うちとけた場面
平叙形と疑問形	異なる – 입니다 (平叙), – 입니까? (疑問)	同じ (?, イントネーションで区別)
母音/子音終わり の名詞に付く形	同じ	異なる (母音終わりの名詞) – 예요 (子音終わりの名詞) – 이에요

文法 2   -가/이　～が

主格助詞で、主に日本語の「～が」にあたります。母音終わりの名詞と子音終わりの名詞では形が
異なります。

母音終わりの名詞	– **가**	어머니**가**　お母さんが	♪ 2-12
子音終わりの名詞	– **이**	선생님**이**　先生が	

⚠ 注意 (1) 1人称代名詞 저 (私) は제가 (私が) のように形が変わり、疑問詞 누구 (誰) は 누가
(誰が) のように形が変わります。

(2)「～は何/誰/どこ/いつですか」のような疑問詞疑問文の場合は、韓国語では一般的に
가/ 이 を使います。

2-13

練習 2　（　　）に「〜が」にあたる助詞を付けてみよう。

(1)　학생（　　）　学生が　　　　(3)　친구（　　）　友達が　　　　(5)　학교（　　）　学校が

(2)　집（　　）　　家が　　　　　(4)　동생（　　）　弟(妹)が　　　　(6)　언니（　　）　姉が

練習 3　（　　）と下線部分に「A: 〜は何／誰／どこ／いつですか」「B: 〜です」にあたる表現を
入れて、対話文を完成させよう。

(1)　A：이름（　　）　뭐＿＿＿＿＿＿＿？　　　　　　　　　　　　　　　名前／何

　　　B：(自分の名前)＿＿＿＿＿＿＿＿＿＿＿＿＿＿＿＿＿＿＿．

(2)　A：화장실（　　）　어디＿＿＿＿＿＿？　　　　　　　　　　　　　お手洗い／どこ

　　　B：저쪽＿＿＿＿＿＿．　　　　　　　　　　　　　　　　　　　　　あちら

(3)　A：생일（　　）　언제＿＿＿＿＿＿？　　　　　　　　　　　　　誕生日／いつ

　　　B：내일＿＿＿＿＿＿．　　　　　　　　　　　　　　　　　　　　明日

(4)　A：김혜수（　　）　누구＿＿＿＿＿＿？　　　　　　　　　　　　誰

　　　B：배우＿＿＿＿＿＿．　　　　　　　　　　　　　　　　　　　　俳優

文法 3　｜ -가／이 아니에요(?)　〜ではありません(か) ｜

名詞に付いて、日本語の「〜ではありません」にあたる否定表現です。主格助詞 –가／이 と 아니
에요（違います）が結びついた形で使われます。平叙文も疑問文も同じ形です。

		平叙文	疑問文
母音終わりの名詞	**– 가 아니에요(?)**	언니가 아니에요. 姉ではありません。	언니가 아니에요? 姉ではありませんか。
子音終わりの名詞	**– 이 아니에요(?)**	학생이 아니에요. 学生ではありません。	학생이 아니에요? 学生ではありませんか。

練習 4　（　　）に「〜ですか」、下線部分に「〜ではありません」にあたる表現を入れて対話文
を完成させよう。

(1)　A：선생님（　　　　　　　）？　　　B：아니요. 선생님＿＿＿＿ ＿＿＿＿＿＿＿．　　先生

(2)　A：직원（　　　　　　　）？　　　B：아니요. 직원＿＿＿＿ ＿＿＿＿＿＿＿．　　職員

(3)　A：과자（　　　　　　　）？　　　B：아니요. 과자＿＿＿＿ ＿＿＿＿＿＿＿．　　お菓子

(4)　A：오늘（　　　　　　　）？　　　B：아니요. 오늘＿＿＿＿ ＿＿＿＿＿＿＿．　　今日

1 ⬛⬛⬛ 内の単語を参考に、韓国語に直してみよう。

(1) 名前は何ですか。

(2) そこはどこですか。

(3) 韓国人ではありませんか。

(4) 先生は誰ですか。

(5) 歌手ではありません。

> 뭐　이름　누구　한국 사람　선생님　가수　거기　어디

2 ペアになって「A：～ですか」「B：～です／～ではありません」という表現を使って対話してみよう。

例　저기 あそこ / 화장실 お手洗い

　　A：저기가 화장실이에요?　　　　　　　あそこがお手洗いですか?

　　B：네. 저기가 화장실이에요.　　　　　はい。あそこがお手洗いです。

　　　／아니요. 저기는 화장실이 아니에요.　いいえ。あそこはお手洗いではありません。

(1) 여기 ここ / 도서관 図書館　　　A：　　　　　　　　B：

(2) 전공 専攻 / 한국어 韓国語　　　A：　　　　　　　　B：

(3) 고향 故郷 / 도쿄 東京　　　　　A：　　　　　　　　B：

(4) 취미 趣味 / 운동 運動　　　　　A：　　　　　　　　B：

(5) 他の単語を使って、例のように相手と話してみよう。

　　　　　　　　　　　　　　　　　　A：　　　　　　　　B：

3 次の音声を聞いて（　　　）の中を埋めてみよう。　　♪ 2-14

(1) 취미 (　　　) (　　　　　　　)?

(2) 제 가방 (　　　) (　　　　　　　).

(3) 고향 (　　　) (　　　　　　　)?

(4) 선생님 (　　　)　한국 사람 (　　　　　　　)?

(5) 남자 친구 (　　　) (　　　　　　　).

제 3 과　어디에 있습니까?

どこにありますか。

2-15

学習文法

1. 있습니다　あります、います. 없습니다　ありません、いません
2. －에　~に. －도　~も
3. －ㅂ니다/습니다　~です・ます

会話

유이: 저기요, 학생 식당이 어디에 있습니까?

호석: 식당은 도서관 뒤에 있습니다.

　　　저 건물이 도서관이에요.

유이: 근처에 매점은 없습니까?

호석: 식당 옆에 매점도 있습니다.

유이: 감사합니다.

2-16

語彙

저기	あそこ	뒤	後ろ
저기요	すみません（呼びかけ）	건물	建物
학생	学生	근처	近く、近所
식당	食堂、レストラン	매점	売店
어디	どこ	없다	ない、いない
－에	~に	옆	隣、横
있다	ある、いる	－도	~も
도서관	図書館	감사합니다	ありがとうございます

2-17

発音

학생 [학**쌩**]	건물이 [건**무리**]	없습니까 [**업씀**니까]
식당 [식**땅**]	도서관이에요 [도서**과니**에요]	옆에 [**여페**]
있습니까 [**읻씀**니까]	매점은 [매**저믄**]	있습니다 [**읻씀**니다]

32

文法 1

> 있습니다　あります、います
> 없습니다　ありません、いません

人や事物の存在の有無を表します。日本語における「ある」「いる」のような区別はありません。

平叙形		疑問形	
있습니다	약속이 있습니다. 約束があります。	**있습니까?**	형제가 있습니까? 兄弟がいますか。
없습니다	시계가 없습니다. 時計がありません。	**없습니까?**	수업이 없습니까? 授業がありませんか。

♪ 2-18

練習 1　例にならい適切な助詞を付けて対話文を完成させよう。

例　A：남동생이 있습니까?　　　　　B：아니요, 남동생은 없습니다.
　　　弟がいますか　　　　　　　　　　いいえ、弟はいません

(1) A：누나　　　　　　　姉　　　B：아니요,

(2) A：볼펜　　　　　　　ボールペン　B：아니요,

(3) A：숙제　　　　　　　宿題　　B：아니요,

(4) A：편의점　　　　　　コンビニ　B：아니요,

文法 2-1　　－에　～に

人や事物が存在する場所を表す助詞で、日本語の「～に」にあたります。名詞が母音終わりでも子音終わりでも同じ形が付きます。

| 母音終わりの名詞 | －에 | 학교에 | 학교에 있습니다. 学校にいます。 |
| 子音終わりの名詞 | | 집에 | 집에 없습니다. 家にいません。 |

♪ 2-19

★ 覚えておこう

位置名詞 앞(前)/뒤(後ろ)/옆(隣・横)/위(上)/아래(下)/밑(下)/밖(外)/안(中)/속(中)に、助詞 －에 を付けて発音してみましょう。

앞에 前に　　뒤에 後ろに

⚠ 注意

日本語では「家の前」「学校の中」のように場所と位置名詞の間に助詞が必要ですが、韓国語では「の」にあたる助詞は要りません。

집 앞에 家 (の) 前に　　학교 뒤에 学校 (の) 後ろに

練習 2　例にならい対話文を完成させよう。

例　회사 会社 / 도쿄 東京

A : 회사가 어디에 있습니까?　　　　　　B : 회사는 도쿄에 있습니다.
　　会社はどこにありますか?　　　　　　　　会社は東京にあります。

(1)　컴퓨터 パソコン / 도서관 図書館

A :　　　　　　　　　　　　　　　　　B :

(2)　화장실 お手洗い / 건물 안 建物の中

A :　　　　　　　　　　　　　　　　　B :

(3)　호텔 ホテル / 역 앞 駅の前

A :　　　　　　　　　　　　　　　　　B :

(4)　백화점 デパート / 은행 옆 銀行の隣

A :　　　　　　　　　　　　　　　　　B :

文法 2-2　－도　〜も

添加を表す助詞で、日本語の「〜も」にあたります。名詞が母音終わりでも子音終わりでも同じ形が付きます。

2 20

| 母音終わりの名詞 | －도 | 저도　　저도 학생이에요. 私も学生です。 |
| 子音終わりの名詞 | | 선생님도　선생님도 있습니다. 先生もいます。 |

練習 3　「〜も」「〜は」にあたる助詞を付けて「〜もありますか?」「〜はありません。」のように対話文を完成させよう。

(1)　과일　果物　　　　A :　　　　　　　　　　B :

(2)　냉면　冷麺　　　　A :　　　　　　　　　　B :

(3)　지우개　消しゴム　A :　　　　　　　　　　B :

(4)　과제　課題　　　　A :　　　　　　　　　　B :

－ ㅂ니다 / 습니다　〜です・ます
－ ㅂ니까 / 습니까？　〜ですか・ますか

　用言に付く文末語尾で、日本語の「〜です・ます」「〜ですか・ますか」にあたります。韓国語の丁寧な文体には2種類があります（2課参照）。ここではあらたまった場面で使われる 합니다 体を学びます。韓国語の用言は基本形が －다 で終わり、－다 を取り除いた部分が語幹で、母音語幹（パッチム無し）と子音語幹（パッチム有り）があります。합니다体 の活用形は母音語幹か子音語幹かによって形が異なります。

		平叙形		疑問形	
母音語幹(パッチム無し)	－ 가 다 行く	－ ㅂ니다	갑니다. 行きます。	－ ㅂ니까?	갑니까? 行きますか。
子音語幹(パッチム有り)	－ 먹 다 食べる	－ 습니다	먹습니다. 食べます。	－ 습니까?	먹습니까? 食べますか。

♪ 2-21

練習 4　次の単語を 합니다体 に活用させよう。

基本形		平叙形　－ㅂ니다/습니다.	疑問形　－ㅂ니까/습니까?
(1) 받다	もらう、うける		
(2) 보다	見る		
(3) 만나다	会う		
(4) 공부하다	勉強する		
(5) 많다	多い		
(6) 예쁘다	かわいい、きれいだ		
(7) 괜찮다	大丈夫だ		
(8) 맵다	辛い		
(9) 읽다	読む		
(10) 쓰다	書く、使う		
(11) 입다	着る		
(12) 키가 크다	背が高い		

練習 5　例にならい、합니다体の対話文を完成させよう。

例　날씨 天気 / 좋다 良い

　　A：날씨가 좋습니까?　　　　　　　　B：네. 좋습니다.
　　　　天気がいいですか。　　　　　　　　はい。いいです。

(1)　옷 服 / 작다 小さい

　　A：　　　　　　　　　　　　　　　B：

(2)　사이즈 サイズ / 크다 大きい

　　A：　　　　　　　　　　　　　　　B：

(3)　수업 授業 / 재미있다 おもしろい

　　A：　　　　　　　　　　　　　　　B：

(4)　이것 これ / 아니다 違う

　　A：　　　　　　　　　　　　　　　B：

練習 6　　　　　　　　内の単語を 합니다 体に変えて（　　）の中に書き入れ、それぞれ該当する絵を選んで下線部に書き入れよう。

(1)　도서관에서 (　　　　　　　　)　＿＿＿　　(3)　드라마가 (　　　　　　　　)　＿＿＿

(2)　고추가 (　　　　　　　　)　＿＿＿　　　　(4)　사람이 (　　　　　　　　)　＿＿＿

A.

B.

C.

D.

| 재미있다　　맵다　　많다　　공부하다 |

1 ☐☐☐☐内の単語を参考に、韓国語に直してみよう。

(1) コンビニはどこにありますか。　　　　　(4) 週末に韓国に行きます。

(2) 近くに食堂はありません。　　　　　　　(5) 公園に人が多いです。

(3) 明日も学校に来ますか。

편의점　　근처　　식당　　학교　　공원　　한국　　어디　　사람
내일　　주말　　있다　　없다　　오다　　가다　　많다
---

2 例にならい対話文を完成させ、話してみよう。

例　음식 料理/ 맛있다 美味しい

　　A : 음식은 맛있습니까?　　　　　　　　B : 네 . 음식도 맛있습니다 .
　　　料理は美味しいですか。　　　　　　　　　はい。料理も美味しいです。

(1) 이것 これ/ 비싸다 (値段が) 高い　　A :　　　　　　　　B :

(2) 김치 キムチ/ 먹다 食べる　　　　　A :　　　　　　　　B :

(3) 맥주 ビール/ 마시다 飲む　　　　　A :　　　　　　　　B :

(4) 청소 掃除/ 하다 する　　　　　　　A :　　　　　　　　B :

(5) 숙제 宿題/ 많다 多い　　　　　　　A :　　　　　　　　B :

(6) 他の単語を使って、例 のように相手と話してみよう。

3 次の音声を聞いて （　　　）の中を埋めてみよう。　　　　　♪
2-22

(1) 건물 (　　　) (　　　) 사람 (　　　) (　　　　　　　).

(2) 친구 (　　　　) (　　　　　　　　　　　)?

(3) 어디 (　　　　) (　　　　　　　　　　)?

(4) 한국어 수업 (　　　) (　　　　　　　).

(5) 도서관 (　　　　) (　　　　　　　).

제 **4** 과 학교에서 멀지 않습니다.

学校から遠くありません。

学習文法

1. ㄹ脱落（変則用言）
2. －지 않다　～しない、～くない
3. －에서　～で、～から，　－와/과　～と

会話

2-23

> 유이: 태형 씨, 집이 학교에서 가깝습니까?
> 태형: 네. 학교에서 멀지 않습니다.
>   유이 씨는 집이 어디예요?
> 유이: 저는 요코하마에 삽니다.
> 태형: 부모님과 같이 삽니까?
> 유이: 네. 가족 모두 같이 삽니다.

語彙

2-24

집	家	부모님	両親
가깝다	近い	－와/과	～と
멀다	遠い	같이	一緒に
－지 않다	～しない、～くない	가족	家族
살다	住む	모두	みんな

発音

2-25

집이 [**지비**]	삽니다 [**삼**니다]
가깝습니까 [가깝**씀**니까]	같이 [가**치**]
않습니다 [**안씀**니다]	삽니까 [**삼**니까]

⚠ **注意**　口蓋音化：パッチム ㄷ , ㅌ ＋ 이 → 지 , 치
　　　　　군이　強いて、敢えて　［구지］
　　　　　같이　一緒に　　　　　［가치］

38

文法 1　ㄹ脱落

　用言の語幹末（パッチム）がㄹの場合は、後ろに －ㅅ，－ㅂ，－ㄴ で始まる語尾が続くと ㄹ が脱落します。

基本形	ㄹ語幹	－ㅅ，－ㅂ，－ㄴ で始まる語尾	ㄹ脱落	합니다体
살다	살 ＋	－ ㅂ니다/습니다 →	사 ＋ － ㅂ니다	삽니다
住む			～です・ます	住んでいます

도쿄에 삽니다. 東京に住んでいます。　　어디에 삽니까? どこに住んでいますか。♪ 2-26

練習 1　ㄹ 語幹の単語を 합니다 体に活用させよう。

(1) 멀다 遠い

(2) 울다 泣く

(3) 열다 開ける

(4) 알다 知る, わかる

(5) 만들다 作る

(6) 팔다 売る

文法 2　－지 않다　～しない、～くない

　用言に付く否定表現で、日本語の「～しない、～くない」にあたります。母音語幹でも子音語幹でも同じ形が付きます。

		平叙文	疑問文	♪ 2-27
母音語幹 －	가다 行く	－ 지 않다	가지 않습니다. 行きません。	가지 않습니까? 行かないんですか。
子音語幹 －	멀다 遠い		멀지 않습니다. 遠くありません。	멀지 않습니까? 遠くありませんか。

★ 覚えておこう

　있다 （ある、いる）と 알다 （知る、わかる）の否定には －지 않다 を使いません。それぞれ 없다 （ない、いない）、모르다 （知らない、わからない）という単語を使います。

여동생이 있습니까?　　없습니다.
妹がいますか。　　　　　いません。

부모님도 압니까?　　　모릅니다.
両親も知っていますか。　知りません。

練習 2   例にならい、それぞれ疑問形と否定形に変えて対話文を完成させよう。

例 하다 する   A：합니까? しますか。   B：하지 않습니다. しません。

(1) 먹다 食べる   A：   B：

(2) 마시다 飲む   A：   B：

(3) 많다 多い   A：   B：

(4) 놀다 遊ぶ   A：   B：

(5) 가깝다 近い   A：   B：

(6) 크다 大きい   A：   B：

文法 3-1   – 에서 　〜で、〜から

　場所を表す名詞に付く助詞で、用法が2つあります。ひとつは日本語の「〜で」にあたり、動作が行われる場所を表します。もうひとつは日本語の「〜から」にあたり、起点を表します。名詞が母音終わりでも子音終わりでも同じ形が付きます。

2-28

| 母音終わりの名詞 | – 에서 | 학교**에서** | 학교에서 공부합니다. 学校で勉強します。 |
| 子音終わりの名詞 | | 집**에서** | 집에서 가깝습니다. 家から近いです。 |

参考 場所指示代名詞：여기（ここ）, 거기（そこ）, 저기（あそこ）, 어디（どこ）は、話しことばでは 에 を省略する傾向があります。例えば、어디에서 または 어디서 となります。

練習 3   例にならい対話文を完成させよう。

例 공부하다 勉強する / 도서관 図書館
　　A：어디(에)서 공부합니까?   B：도서관에서 공부합니다.
　　　どこで勉強しますか。   図書館で勉強します。

⑴ 오다 来る/한국 韓国

    A :   B :

⑵ 가깝다 近い/역 駅

    A :   B :

⑶ 만나다 会う/카페 カフェ

    A :   B :

⑷ 팔다 売る/편의점 コンビニ

    A :   B :

文法 3-2 － 와/과 ～と

人や物を羅列して述べる時や「共に」という意味を表す助詞で、日本語の「～と」にあたります。母音終わりの名詞と子音終わりの名詞では形が異なります。

| 母音終わりの名詞 | － 와 | 친구와 | 친구와 만납니다. 友達と会います。 |
| 子音終わりの名詞 | － 과 | 동생과 | 동생과 갑니다. 妹/弟と行きます。 |

♪ 2-29

★ 覚えておこう

同じ意味を表す助詞 하고 に言い替え可能です。書きことばでは 와/과 がよく用いられ、話しことばでは 하고 の方がよく用いられます。하고 の場合は、前にくる名詞が母音終わりでも子音終わりでも同じ形が付きます。

친구하고 友達と   여동생하고 妹と

練習 4 2つの単語を「～と～」のように繋いでみよう。

⑴ 책 (　　) 노트   本とノート

⑵ 핸드폰 (　　) 지갑   携帯電話と財布

⑶ 음료수 (　　) 도시락   飲みものとお弁当

⑷ 이모 (　　) 삼촌   叔母と叔父

練習 5 例にならい適切な助詞を付けて対話文を完成させよう。

例 여동생 妹/ 가다 行く

A : 누구와 갑니까?   B : 여동생과 갑니다.

    誰と行きますか？   妹と行きます。

(1) 가족/ 살다 住む

    A :   B :

(2) 친구/ 다니다 通う

    A :   B :

(3) 형/ 보다 見る

    A :   B :

練習 6 絵を見て答えてみよう。

A : 가방 안에 무엇이 있습니까?

B : 가방 안에 (   ) 가/ 이 있습니다.

과자	책	노트	핸드폰	지갑	지우개	볼펜
시계	책상	의자	컴퓨터			

【位置名詞】

2-30

   앞 前   옆 隣、横   뒤 後ろ   위 上

아래 下 (方向)

밑 下 (部分)

안 中

    속 中   밖 外

오른쪽 右側

왼쪽 左側   맞은편 (건너편) 向かい側

1 ◻️内の単語を参考に、韓国語に直してみよう。

(1) ここから遠くありません。

(4) 友達と図書館で勉強します。

(2) 家で休みます。

(5) 本とノートは売店で売っています。

(3) どこに住んでいますか。

```
책    노트    집    어디    도서관    매점    여기    회사
친구    멀다    쉬다    살다    공부하다    팔다    가깝다
```

2 例にならい「AとBは、〜くありません。〜です。」という文を完成させよう。

例 하늘 空 , 바다 海 / 좁다 狭い , 넓다 広い

→ 하늘과 바다는 좁지 않습니다 . 넓습니다 . 空と海は狭くありません。広いです。

(1) 한국어 , 한국말 / 다르다 異なる , 같다

(2) 전철 , 지하철 地下鉄 / 느리다 遅い , 빠르다

(3) 케이크 , 아이스크림 / 맵다 辛い , 달다

(4) 일본 , 미국 米国 / 가깝다 近い , 멀다

3 次の音声を聞いて（　　　）の中を埋めてみよう。

♪ 2-31

(1) 신주쿠 (　　　)　친구 (　　　)　만납니다 .

(2) 콘서트 (　　　)　누구 (　　　)　갑니까?

(3) 어디 (　　　)　(　　　　　　　　) ?

(4) 오늘은 회사 (　　　)　(　　　　　　　) .

(5) 호텔 (　　)　지하철 역 (　　　)　(　　　　　　　) ?

♪
2-32

第1課、第2課、第3課、第4課の復習文型

訳してみよう	書いて覚えよう
(1) 저는 야마다라고 합니다.	
(2) 회사원입니까? 학생입니다.	
(3) 누구예요? 동생이에요.	
(4) 이름이 뭐예요?	
(5) 한국 사람이 아니에요.	
(6) 식당이 어디에 있습니까?	
(7) 건물 안에 화장실이 없습니다.	
(8) 내일은 약속이 있습니다.	
(9) 오늘도 수업이 많습니다.	
(10) 주말에 한국에 갑니다.	
(11) 학교에서 가깝습니까?	
(12) 여기서 멉니까?	
(13) 지하철 역에서 멀지 않습니다.	
(14) 친구와 도서관에서 공부합니다.	
(15) 콘서트에 누구하고 갑니까?	

練習 1 絵を見て職業、身分の名称を選んでみよう。

의사　　배우　　경찰　　회사원　　선생님　　학생　　가수

⑴ (　　　　　)　⑵ (　　　　　)　⑶ (　　　　　)　⑷ (　　　　　)　⑸ (　　　　　)

練習 2　(　　) に入るのに適切な単語を下から選んで、すべて書き入れてみよう。

⑴ A : 어디에 갑니까?

　 B : (은행,　　　　　　　　　　　　　　　　)에 갑니다.

⑵ A : 무엇이 맛있습니까?

　 B : (빵,　　　　　　　　　　　　　　　　)가/이 맛있습니다.

⑶ A : 쇼핑은 누구와 합니까?

　 B : (동생,　　　　　　　　　　　　　　　　)와/과 합니다.

동생　　은행　　빵　　한국　　과자　　과일　　편의점　　친구
냉면　　학교　　형　　식당　　음식　　백화점　　집　　케이크
카페　　도시락　　아이스크림　　회사　　화장실　　오빠　　김치

제 **5** 과 뭐가 맛있어요?
何が美味しいですか。

学習文法

1. 해요体 (1)   3. －를／을 ～を
2. －고 ～ (し) て、～ (し) てから

会話

태 형 : 이 가게는 처음이에요?

유 이 : 네. 처음이에요. 이 집은 뭐가 맛있어요?

태 형 : 삼겹살도 맛있고 닭갈비도 맛있어요.

　　　 유이 씨는 무엇을 잘 먹어요?

유 이 : 돼지고기도 좋아하고 닭고기도 좋아해요.

태 형 : 그럼, 삼겹살 괜찮아요?

유 이 : 좋아요.

語彙

가게	店	잘	よく
처음	初めて、最初	먹다	食べる
집	家、お店	돼지고기	豚肉
맛있다	美味しい	닭고기	鶏肉
삼겹살	サムギョプサル	좋아하다	好きだ
－도	～も	그럼	では
닭갈비	タッカルビ	괜찮다	大丈夫だ
－를／을	～を	좋다	良い

発音

처음이에요 [처**으미**에요]　　닭갈비 [**닥깔**비]　　좋아해요 [**조**아해요]

맛있어요 [**마시쩌**요]　　무엇을 [무**어슬**]　　괜찮아요 [괜**차나**요]

삼겹살 [삼겹**쌀**]　　먹어요 [**머거**요]　　좋아요 [**조**아요]

맛있고 [**마싣꼬**]　　닭고기 [**닥꼬**기]

文法

文法 1 　해요체(1)　子音語幹用言, 하다用言

用言に付く文末語尾で、日本語の「～です・ます」「～ですか・ますか」にあたります。3課の 합니다 体に比べると、格式ばらないうちとけた場面で使われます。

해요 体をつくる時、用言の語幹末の母音の種類によって形が異なります。この課では、子音語幹用言と 하다 用言の 해요 体のつくり方を学びます。

用言の語幹には母音語幹（パッチム無し）と子音語幹（パッチム有り）の区別があると同時に、陽母音語幹と陰母音語幹の区別があります。해요 体のつくり方は、語幹末母音が ㅏ, ㅗ（陽母音）の場合は ‐아요、ㅏ, ㅗ 以外（陰母音）の場合は ‐어요 を付けます。

▌子音語幹用言の해요体

語幹末母音

♪
2-36

좋다 良い　　　　ㅏ, ㅗ （陽母音） **+ 아요**　　좋아요 良いです

먹다 食べる　　　ㅏ, ㅗ以外（陰母音） **+ 어요**　　먹어요 食べます

▌変則：하다用言の해요体 　‐하다で終わる用言は ‐해요（～です・ます）になります。

노래하다 歌う　　　　　　　　　　　　　　　　　노래해요 歌います

친절하다 親切だ　　　　**‐ 하다 → ‐ 해요**　　　친절해요 親切です

★ **覚えておこう** 해요体は、同じ形が平叙（～です・ます）、疑問（～ですか・ますか）、勧誘（～ましょう）、命令（～なさい）の用法を併せ持っています。

練習 1 次の用言を해요体に活用させよう。

基本形		‐ 아요 / 어요 (～です・ます)	基本形		‐ 아요 / 어요 (～です・ます)
(1) 받다	もらう うける		(7) 많다	多い	
(2) 찾다	探す		(8) 씻다	洗う	
(3) 읽다	読む		(9) 알다	知る わかる	
(4) 만들다	作る		(10) 웃다	笑う	
(5) 입다	着る		(11) 작다	小さい	
(6) 공부하다	勉強する		(12) 운동하다	運動する	

活用練習 **練習 1** の用言を 합니다 体に変えて、発音してみよう。

文法 2 〔 -고 ～(し)て、～(し)てから 〕

用言の語幹に付いて2つ以上の節を結びつけ、動作や事態の羅列を表したり、時間の前後関係を表したりする語尾です。日本語の「～(し)て、～(し)てから」にあたります。用言の語幹が母音終わりでも子音終わりでも同じ形が付きます。

♪
2-37

| 母音語幹 하다 する | -고 | 하고 | 졸업하고 취직해요. 卒業して、就職します。 |
| 子音語幹 넓다 広い | | 넓고 | 넓고 조용해요. 広くて、静かです。 |

練習 2 　次の語句を「～(し)て、～(し)ます」のように繋いでみよう。 해요体

(1) 싸다 安い／맛있다 美味しい　　(3) 공부하다 勉強する／놀다 遊ぶ

(2) 춤추다 踊る／노래하다 歌う　　(4) 밥을 먹다 ご飯を食べる／커피를 마시다 コーヒーを飲む

文法 3 〔 -를/을　～を 〕

目的語を表す助詞で、日本語の「～を」にあたります。母音終わりの名詞と子音終わりの名詞では形が異なります。

♪
2-38

| 母音終わりの名詞　-를 | 공부를 | 도서관에서 공부를 해요. 図書館で勉強をします。 |
| 子音終わりの名詞　-을 | 운동을 | 매일 운동을 합니다. 毎日運動をします。 |

⚠ 注意

좋아하다, 만나다, 타다 の場合は、-를/을 が付いて、日本語の助詞の使い方と異なります。
음악을 좋아하다 (音楽が好きだ), 친구를 만나다 (友達に会う), 버스를 타다 (バスに乗る)

練習 3 　例にならい文を完成させよう。해요体

例 아르바이트/하다 　→　 아르바이트를 해요. アルバイトをします。

(1) 신문 新聞/읽다 読む

(2) 구두 靴/신다 履く

(3) 고기 肉/좋아하다 好きだ

(4) 음식 料理/만들다 作る

(5) 사진 写真/찍다 撮る

1 ⬛ 内の単語を参考に、韓国語に直してみよう。해요 体

(1) 韓国ははじめてですか。

(4) 友達と踊って歌います。

(2) 何が好きですか。

(5) 緒に写真を撮りましょう。

(3) 肉も野菜もよく食べます。

친구	뭐	잘	같이	야채	사진	한국	처음
고기	노래하다	찍다	먹다	좋아하다	춤추다		

2 例にならい対話文を完成させ、話してみよう。해요 体

例 A：무엇을 해요?

B：사무실 事務室 / 회의 会議 / 하다　→　사무실에서 회의를 해요.

(1) 도서관 / 책 本 / 읽다

(2) 식당 食堂 / 밥 / 먹다

(3) 밖 外 / 전화 電話 / 받다

(4) 은행 銀行 / 돈 お金 / 찾다

(5) 공원 公園 / 산책 散步 / 하다

3 次の音声を聞いて（　　　）の中を埋めてみよう。　♪ 2-39

(1) 수업 (　　　) 많 (　　　)?

(2) 불고기 (　　　) 만들 (　　　).

(3) 운동 (　　　) (　　　) 샤워 (　　　) 해요.

(4) 저는 케이팝 (　　　) (　　　).

(5) 음식도 (　　　) 사람들 (　　　) 친절해요.

제 **6** 과 어디에 가요?
どこに行きますか。

学習文法

1. 해요体 (2)　　　　　　　3. －에게 (한테) ～ (人) に
2. 으 脱落

会話

유이: 태형 씨, 어디에 가요?

태형: 식당에 가요. 배가 너무 고파요.

유이: 저도 배 고파요. 같이 가요.

태형: 수업 끝나고 뭐 해요?

유이: 오늘은 아르바이트가 있어요.

태형: 무슨 아르바이트를 해요?

유이: 학원에서 중학생에게 수학을 가르쳐요.

語彙

식당	食堂	무슨	何の
배 (가) 고프다	お腹がすく	학원	塾
너무	あまりにも	중학생	中学生
수업	授業	－ 에게	（人）に（＝한테）
끝나다	終わる	수학	数学
오늘	今日	가르치다	教える
아르바이트	アルバイト		

発音

식당 [식**땅**]　　　　오늘은 [오느른]　　　　중학생 [중학**쌩**]

같이 [**가치**]　　　　있어요 [**이써**요]　　　　수학을 [수**하글**]

끝나고 [**끈**나고]　　　학원에서 [**하궈**네서]

50

文法 1 | 해요체(2) 母音語幹用言

ここでは母音語幹用言の 해요 体について学びます。5 課で学んだように、語幹末母音が ㅏ,ㅗ（陽母音）の場合は －아요、ㅏ,ㅗ 以外（陰母音）の場合は －어요 が付きます。その後さらに母音の縮約が起こります。

母音語幹用言の 해요 体 — 母音縮約

基本形		ㅏ,ㅗ（陽母音）+ 아요 ㅏ,ㅗ 以外（陰母音）+ 어요	→	母音縮約	해요 体 (～です・ます)
가다	行く	가 + 아요	母音脱落	ㅏ + 아요 → ㅏ요	가요 行きます
서다	立つ	서 + 어요		ㅓ + 어요 → ㅓ요	서요 立ちます
켜다	点ける	켜 + 어요		ㅕ + 어요 → ㅕ요	켜요 点けます
내다	出す	내 + 어요		ㅐ + 어요 → ㅐ요	내요 出します
세다	数える	세 + 어요		ㅔ + 어요 → ㅔ요	세요 数えます
보다	見る	보 + 아요	母音結合	ㅗ + ㅏ요 → ㅘ요	봐요 見ます
주다	あげる	주 + 어요		ㅜ + ㅓ요 → ㅝ요	줘요 あげます
기다리다	待つ	기다리 + 어요		ㅣ + ㅓ요 → ㅕ요	기다려요 待ちます
되다	なる	되 + 어요		ㅚ + ㅓ요 → ㅙ요	돼요 なります

⚠ **注意** 쉬다（休む）は母音縮約が起こらず、쉬어요 になります。

練習 1 次の用言を 해요 体に活用させよう。

基本形		－아요/어요 (～です・ます)	基本形		－아요/어요 (～です・ます)
(1) 사다	買う		(6) 타다	乗る	
(2) 건너다	渡る		(7) 짜다	塩辛い	
(3) 지내다	過ごす		(8) 비싸다	(値段が) 高い	
(4) 만나다	会う		(9) 끝나다	終わる	
(5) 일어서다	立ち上がる		(10) 나가다	出ていく、 出かける	

練習 2   次の用言を 해요 体に活用させよう。

基本形		− 아요 / 어요 (〜です・ます)	基本形		− 아요 / 어요 (〜です・ます)
(1) 오다	来る		(6) 안되다	だめだ	
(2) 배우다	学ぶ		(7) 다니다	通う	
(3) 마시다	飲む		(8) 시키다	注文する	
(4) 나누다	分ける		(9) 기다리다	待つ	
(5) 가르치다	教える		(10) 내리다	降りる、 降る	

文法 2   ㅇ 으脱落

　用言の語幹末が 으 で終わる場合は、後ろに − 아 / 어 で始まる語尾が続くと 으 が脱落します。例えば、해요体 (− 아요 / 어요) にする時は、語幹の 으 をとってひとつ前の音節の母音が ㅏ , ㅗ（陽母音）の場合は − 아요 を、ㅏ , ㅗ 以外（陰母音）の場合は − 어요 を付けます。子音だけが残った場合は − 어요 を付けます。

♪
2-43

	으 脱落	語幹末母音	
바쁘 다 忙しい	바ㅃ	+ ㅏ요	바빠요 忙しいです
예쁘 다 可愛い	예ㅃ	+ ㅓ요	예뻐요 可愛いです
크 다 大きい	ㅋ		커요 大きいです

練習 3   으 脱落の用言を 해요 体と 합니다 体に活用させよう。

基本形		해요体 (〜です・ます)	합니다体 (〜です・ます)
(1) 아프다	痛い		
(2) 고프다	(お腹が)すく		
(3) 쓰다	書く、使う		
(4) 끄다	消す		
(5) 기쁘다	嬉しい		
(6) 슬프다	悲しい		
(7) 나쁘다	悪い		

文法3 — 에게 (한테) ～(人)に

人や生き物に使う与格助詞で、日本語の「～に」にあたります。名詞が母音終わりでも子音終わりでも同じ形が付きます。

| 母音終わりの名詞 | — 에게 | 친구에게 | 친구에게 보내요. 友達に送ります。 |
| 子音終わりの名詞 | | 형에게 | 형에게 말해요. 兄に話します。 |

♪ 2-44

参考 同じ意味を表す助詞 한테 に言い替えができます。書きことばでは 에게 が、話しことばでは 한테 がよく用いられます。

친구**한테** 友達に   선생님**한테** 先生に

練習 4   例にならい対話文を完成させよう。

例 여동생 妹 / 전화하다 電話する

A : 누구에게 전화해요?　　　　　　　　B : 여동생에게 전화해요.
　　誰に電話しますか?　　　　　　　　　　妹に電話します。

(1) 선생님 先生 / 배우다 学ぶ、習う

A :　　　　　　　　　　　　　　　　　B :

(2) 오빠 兄 / 주다 あげる

A :　　　　　　　　　　　　　　　　　B :

(3) 선배 先輩 / 부탁하다 頼む

A :　　　　　　　　　　　　　　　　　B :

(4) 가족 家族 / 연락하다 連絡する

A :　　　　　　　　　　　　　　　　　B :

(5) 친구 友だち / 알리다 知らせる

A :　　　　　　　　　　　　　　　　　B :

1 韓国語に直してみよう。해요体

(1) どこに行きますか。

(2) 授業が終わって、アルバイトがあります。

(3) 誰に韓国語を習っていますか。

(4) お腹が空きました。

(5) 何を飲みますか。

2 例にならい対話文を完成させ、話してみよう。해요体

例 직원 職員 / 짐 荷物 / 맡기다 預ける

A : 누구한테 짐을 맡겨요?　　　　　　　　　B : 직원한테 맡겨요.

　　誰に荷物を預けますか。　　　　　　　　　　職員に預けます。

(1) 아버지 お父さん / 편지 手紙 / 쓰다 書く

A :　　　　　　　　　　　　　　　　B :

(2) 후배 後輩 / 메일 メール / 보내다 送る

A :　　　　　　　　　　　　　　　　B :

(3) 어머니 お母さん / 꽃 花 / 주다 あげる

A :　　　　　　　　　　　　　　　　B :

(4) 친구 友達 / 일본어 日本語 / 가르치다 教える

A :　　　　　　　　　　　　　　　　B :

♪
2-45
3 次の音声を聞いて（　　　　）の中を埋めてみよう。

(1) 유미 씨 , 배 많이 (　　　　　　)?

(2) (　　　　　) 일을 (　　　　　)?

(3) 아르바이트 (　　　　　) 집에 (　　　　　).

(4) 주말에 (　　　　　)?

(5) 동생 (　　　　) 생일 (　　　　　) (　　　　　).

54

크다
大きい

예쁘다
きれいだ

싸다
（値段が）安い

비싸다
（値段が）高い

바쁘다
忙しい

친절하다
親切だ

조용하다
静かだ

아프다
痛い、具合が悪い

짜다
塩辛い

슬프다
悲しい

맛있다
おいしい

맛없다
まずい

재미있다
おもしろい

재미없다
おもしろくない

작다
小さい

괜찮다
大丈夫だ

멀다
遠い

많다
多い

좋다
良い

맵다
辛い

제 **7** 과 몇 번 버스를 타요?
何番のバスに乗りますか。

学習文法

1. 漢数詞
2. 안 (前置否定) 〜しない、〜くない
3. −(으)로 （道具・手段） 〜で
4. −(으)세요 (尊敬) 〜られます（か）

♪ 2-46

会話

태형: 유이 씨, 빨리 와요.
유이: 잠깐만 기다려요. 전철로 가요?
태형: 아니요. 버스로 가요.
유이: 몇 번 버스를 타요?
태형: 오십육
56 번 버스를 타요.
유이: 오늘 모임에 선생님도 오세요?
태형: 선생님은 안 오세요.
　　　참, 지영 씨 전화 번호 아세요?
유이: 네, 알아요. 휴대폰 번호가 090‒1234‒5678이에요.
　　　　　　　　　　　　공구공　일이삼사　오육칠팔

♪ 2-47

語彙

빨리	速く	오늘	今日
오다	来る	모임	集まり
잠깐만	しばらく、ちょっと	−(으)세요	〜してください
기다리다	待つ	안	〜しない、〜くない
전철	電車	참	そうだ、そういえば
−(으)로	〜で 道具・手段	전화	電話
버스	バス	번호	番号
몇	何〜（助数詞）	알다	知る、わかる
번	番	휴대폰	携帯電話
타다	乗る		

♪ 2-48

発音

잠깐만요 [잠깐**만뇨**]	모임에 [모**이메**]	전화 번호 [**저놔버노**]
몇 번 [**멷뻔**]	선생님은 [선생**니믄**]	알아요 [**아라**요]
오십육번 [오**심뉵뻔**]	안 오세요 [**아노**세요]	일이삼사 [**일리**삼사]

文法 1　漢数詞

　韓国語の数詞には漢数詞と固有数詞があります。ここでは、日本語の「いち、に、さん」にあたる漢数詞を学びます。

1	2	3	4	5	6	7	8	9
일	이	삼	사	오	육	칠	팔	구
10	20	30	40	50	60	70	80	90
십	이십	삼십	사십	오십	육십	칠십	팔십	구십
100	千	万	億					
백	천	만	억					

♪ 2-49

1月	2月	3月	4月	5月	6月	7月	8月	9月	10月	11月	12月
일월	이월	삼월	사월	오월	유월	칠월	팔월	구월	시월	십일월	십이월

　漢数詞で数える助数詞には、년（年）、월（月）、일（日）、번（番）、원（ウォン）、층（階）、호（号）、호실（号室）、교시（時限）、학년（年生）、분（分）などがあります。数量疑問文には 몇（何）を用います。

　　　　　　몇 년이에요?　何年ですか。

⚠ 注意　며칠이에요?　何日ですか。　　얼마예요?　いくらですか。

♪ 2-50

練習 1　次の数詞をハングルで表記してみよう。

(1) 10 월 月　　　　　(4) 11,000 원 ウォン　　　(7) 3 학년 年次

(2) 9 일 日　　　　　(5) 160 번 番　　　　　(8) 2020 년 年

(3) 7 층 階　　　　　(6) 5 교시 時限　　　　(9) 103 호실 号室

文法 2　안　～しない、～くない

　用言の前にきて、動作や状態を否定する表現です。意味的には4課で学んだ後置否定 −지 않다 と同様、日本語の「～しない・～くない」にあたります。話しことばでは前置否定の 안 を多く使います。ここでは 해요 体で練習しましょう。

	平叙文		疑問文	
가다 行く	안 가요.	行きません。	안 가요?	行きませんか。
먹다 食べる	안 먹어요.	食べません。	안 먹어요?	食べませんか。

♪ 2-51

⚠️ **注意** 名詞 + 하다 構造の用言の場合は、名詞と 하다 の間に 안 が置かれます。

平叙文	疑問文
운동하다 運動する　운동 **안** 해요. 運動しません。	운동 **안** 해요? 運動しませんか。

⚠️ **注意** 있다 (ある、いる) と 알다 (知る、わかる) の否定はそれぞれ 없다 (ない、いない)、모르다 (知らない、わからない) です。

練習 2　例にならい前置否定の対話文を完成させよう。해요体

例　작다 小さい　　　A：작아요? 小さいですか。　　　B：안 작아요. 小さくありません

(1) 마시다 飲む　　　　A：　　　　　　　　　　B：

(2) 아프다 痛い、具合が悪い A：　　　　　　　　　　B：

(3) 공부하다 勉強する　　A：　　　　　　　　　　B：

(4) 좋아하다 好きだ　　　A：　　　　　　　　　　B：

(5) 있다 ある、いる　　　A：　　　　　　　　　　B：

文法 3　- (으)로 (道具、手段) ～で

手段・方法・消且を表す助詞で、日本語の「～で」にあたります。母音終わりの名詞と子音終わりの名詞では形が異なりますが、ㄹパッチムで終わる名詞は母音終わりの名詞と同様に − 로 が付きます。

🎵 2-52

母音終わりの名詞	− **로**	버스로	버스로 가요.	バスで行きます。
ㄹ終わりの名詞		전철**로**	전철로 와요.	電車で来ます。
子音終わりの名詞	− **으로**	젓가락**으로**	젓가락으로 먹어요.	箸で食べます。

練習 3　例にならい「～で」にあたる助詞を付けて対話文を完成させよう。

例　볼펜 ボールペン / 쓰다 書く　　A：무엇으로 써요?　　　　B：볼펜으로 써요.
　　　　　　　　　　　　　　　　　何で書きますか？　　　　　　ボールペンで書きます。

(1) 순가락 スプーン / 먹다 食べる   A : 무엇으로   B :

(2) 자전거 自転車 / 가다 行く   A : 무엇으로   B :

(3) 연필 鉛筆 / 쓰다 書く   A : 무엇으로   B :

(4) 손수건 ハンカチ / 닦다 拭く   A : 무엇으로   B :

(5) 지하철 地下鉄 / 오다 来る   A : 무엇으로   B :

文法4 －(으)세요 〜られます(か)

　用言に付いて尊敬の意を表す文末表現です。尊敬を表す補助語幹 －(으)시－ に 해요 体の文末語尾 －어요 が付いた形 －(으)시어요 が －(으)세요 に語形変化した形で、日本語の「〜られます、なさいます」にあたります。

　語幹の種類によって付く形が異なりますが、ㄹ語幹は、ㄹが脱落して －세요 が付きます。この表現は 해요 体の尊敬形であり、平叙、疑問、命令（依頼）の用法を併せ持っています。

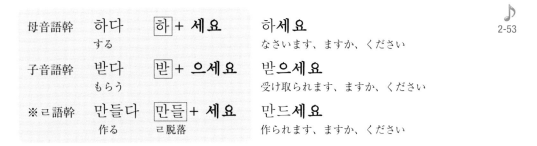

♪
2-53

母音語幹　하다　する　하＋세요　하세요
　　　　　なさいます、ますか、ください

子音語幹　받다　もらう　받＋으세요　받으세요
　　　　　受け取られます、ますか、ください

※ㄹ語幹　만들다　作る　만들＋세요　ㄹ脱落　만드세요
　　　　　作られます、ますか、ください

무엇을 하세요? 何をなさいますか。

어서 받으세요. どうぞお受け取りください。

어머니는 음식을 만드세요. お母さんは料理を作られます。

★覚えておこう(1)　次の動詞は語彙的にそれぞれ対応する尊敬動詞を持っています。

♪
2-54

		尊敬動詞		尊敬語尾 －(으)세요
먹다	食べる	드시다	召し上がる	드세요
마시다	飲む			
있다	いる	계시다	いらっしゃる	계세요
자다	寝る	주무시다	お休みになる	주무세요

많이 드세요 (たくさん召し上がってください)、안녕히 계세요 (さようなら)、안녕히 주무세요 (お休みなさい)

★覚えておこう(2)

　주다 (あげる)の場合は、目上の人に対して謙譲語の 드리다 (差し上げる)という単語を使います。

練習 4　例にならい、尊敬の文末表現を使って文を完成させよう。

例　부모님 両親/ 여행 旅行/ 가다 行く　→　부모님은 여행을 가세요.

両親は旅行に行かれます。

⑴　선생님 先生/ 한국어 韓国語/ 가르치다 教える

⑵　아버지 父/ 신문 新聞/ 읽다 読む

⑶　어머니 母/ 텔레비전 テレビ/ 보다 見る

⑷　할머니 祖母/ 과일 果物/ 먹다 食べる

⑸　할아버지 祖父/ 자다 寝る

練習 5　例にならい、疑問詞を含む対話文を完成させよう。

例　집 家/ 가다 行く　　　　　A : 어디에 가세요?　　　B : 집에 가요.

⑴　오렌지 주스 オレンジジュース/ 마시다 飲む

A :（무엇）

B :

⑵　다음주 来週/ 오다 来る

A :（언제）

B :

⑶　가족 家族/ 있다 いる

A :（누구）

B :

⑷　학교 앞 学校の前/ 만나다 会う

A :（어디）

B :

⑸　핸드폰 携帯電話/ 찾다 探す

A :（뭐）

B :

1 韓国語に直してみよう。

(1) 電車で学校に行きます。

(2) 携帯番号をご存知ですか。

(3) 92番のバスにお乗りください。

(4) たくさん召し上がってください。

(5) 教室は何階ですか。

2 例にならい対話文を完成させ、話してみよう。

例 한글날 ハングルの日 / 10월 9일

A : 한글날이 언제예요? ハングルの日はいつですか。B : 시월 구일이에요. 10月9日です。

(1) 한국어 수업 / 4교시 時限　　　A :　　　　　　　　B :

(2) 교과서 / 2,400원　　　　　　　A :　　　　　　　　B :

(3) 교실 教室 / 113호실 号室　　　A :　　　　　　　　B :

(4) 생일 誕生日 / 6월6일　　　　　A :　　　　　　　　B :

3 例にならい、尊敬表現を使って疑問文を完成させ、否定文で答えてみよう

例 아르바이트 / 하다　A : 아르바이트를 하세요?　B : 아니요, 아르바이트는 안 해요.

　　　　　　　　　　　　アルバイトをなさいますか。　いいえ、アルバイトはしません。

(1) 자전거 自転車 / 타다 乗る　　　A :　　　　　　　　B :

(2) 운동 運動 / 좋아하다 好きだ　　A :　　　　　　　　B :

(3) 신문 新聞 / 읽다 読む　　　　　A :　　　　　　　　B :

(4) 주말 週末 / 일하다 働く　　　　A :　　　　　　　　B :

4 次の音声を聞いて（　　　）の中を埋めてみよう。

♪
2-55

(1) （　　　　　　　）번 버스（　　　）타요.

(2) （　　　　　　）을 （　　　　　　　）?

(3) 잠깐만 （　　　　　　　　）.

(4) 비행기（　　　）（　　　　　）걸려요?

(5) 오늘이 （　　　　　　　　）?

제 8 과 — 몇 시에 만날까요?

何時に会いましょうか。

学習文法

1. 固有数詞
2. – 부터 ～から、– 까지 ～まで
3. – (으)ㄹ까요? ～（し）ましょうか
4. – (으)ㅂ시다 ～（し）ましょう

会話

2-56

태형: 다음 수업은 몇 교시예요?

유이: 4교시예요. 오늘은 3교시에 수업이 없어요.

태형: 저도 3교시는 없어요. 같이 커피 마실까요?

유이: 좋아요.

태형: 이번 주 토요일에 몇 시에 만날까요?

유이: 오후 1시부터 4시까지 일이 있어요.
5시에 만날까요?

태형: 네. 5시에 학교 앞에서 만납시다.

語彙

2-57

다음	今度の、次	오후	午後
교시	時限	한 시	1時
마시다	飲む	– 부터	から
좋아요	いいです（基本形 좋다）	– 까지	まで
이번 주	今週	일	仕事、用事
토요일	土曜日	다섯 시	5時
몇	何（数量疑問詞）	앞	前
시	時	– (으)ㅂ시다	～（し）ましょう
– (으)ㄹ까요?	～（し）ましょうか		

発音

2-58

수업은 [수어븐]	수업이 [수어비]	이번주 [이번쭈]	일이 [이리]
몇 교시 [멷꾜시]	없어요 [업써요]	토요일에 [토요이레]	다섯 시 [다섣씨]
오늘은 [오느른]	같이 [가치]	몇 시 [멷씨]	앞에서 [아페서]

62

文法 1 固有数詞

ここでは日本語の「ひとつ、ふたつ…」にあたる固有数詞を学びます。하나(1)、둘(2)、셋(3)、넷(4)、스물(20) の場合は、助数詞の前で 한、두、세、네、스무 のように形が変わることに注意しましょう。

♪ 2-59

1	2	3	4	5	6	7	8	9	10
하나 (한)	둘 (두)	셋 (세)	넷 (네)	다섯	여섯	일곱	여덟	아홉	열
11	20	30	40	50	60	70	80	90	100
열하나(열한)	스물(스무)	서른	마흔	쉰	예순	일흔	여든	아흔	백

1時	2時	3時	4時	5時	6時	7時	8時	9時	10時	11時	12時
한 시	두 시	세 시	네 시	다섯 시	여섯 시	일곱 시	여덟 시	아홉 시	열 시	열한 시	열두 시

固有数詞で数える助数詞には、시 (時)、시간 (時間)、개 (個)、살 (歳)、명 (名)、사람 (人)、분 (名様)、번 (回) 마리 (匹)、잔 (杯)、장 (枚)、권 (冊)、병 (瓶)、송이 (輪) などがあります。数量疑問文には 몇 (何) を用います。

몇 시예요? 何時ですか。

⚠ **注意** 「時」は固有数詞、「分」は漢数詞を使います。 한 시 (1時) 일 분 (1分)

练習 **1** 次の数詞に助数詞をつけてハングルで表記してみよう。

(1) 5時10分

(2) 12時50分

(3) 8個

(4) 2時間

(5) 19歳

(6) 4瓶

(7) 6枚

(8) 一回／一度

练習 **2** 次の質問に対する適切な絵を選んで、答えてみよう。

(1) 몇 시예요?

(2) 몇 잔이에요?

(3) 몇 명이에요?

(4) 몇 권이에요?

(5) 몇 마리예요?

(6) 몇 살이에요?

文法 2 ┃ – 부터 ～から、 – 까지 ～まで

　数、時間、順序などの範囲を指す助詞で、日本語の「～から」「～まで」にあたります。ただし、場所を指す場合は – 에서（から）、– 까지（まで）を使います。

♪
2-60

| 数, 時間, 順序, 範囲 | 한 시부터 두 시까지 | 1時から2時まで |
| 場所 | 집에서 학교까지 | 家から学校まで |

練習 3 　例にならい「～から」「～まで」にあたる助詞を付けて文を完成させよう。 해요체

例 하나 ～ 열 / 세다 　→ 　하나부터 열까지 세요

⑴ 3일～6일 / 여행을 가다

⑵ 4시～8시 / 아르바이트를 하다

⑶ 아침～저녁 / 바쁘다

⑷ 도쿄～인천 / 가다

文法 3 ┃ –(으)ㄹ까요? ～(し)ましょうか

　動作動詞に付いて、勧誘や、提案に対し聞き手の意見を聞く文末語尾です。日本語の「～(し)ましょうか」にあたり、疑問形でしか用いられません。母音語幹と子音語幹では形が異なります。ㄹ語幹には母音語幹と同じ語尾が付きますが、パッチムㄹが重なるのでひとつ脱落します。

♪
2-61

母音語幹	가다 行く	가 – ㄹ까요?	카페에 갈까요? カフェに行きましょうか。
子音語幹	먹다 食べる	먹 – 을까요?	밥을 먹을까요? ご飯を食べましょうか。
※ㄹ語幹	만들다 作る	만들 – ㄹ까요? ㄹ脱落	음식을 만들까요? 料理をつくりましょうか。

参考 　形容詞や無意志動詞に付くと推量を表します。

비가 올까요? 雨が降るでしょうか。　사이즈가 작을까요? サイズが小さいでしょうか。

練習 **4** 例にならい文を完成させよう。

例 무엇 / 하다   무엇을 할까요? 何をしましょうか。

(1) 어디 / 앉다 座る

(2) 영화 / 보다 見る

(3) 책 / 읽다 読む

(4) 언제 / 만나다 会う

(5) 택시 / 타다 乗る

文法4 – (으) ㅂ시다 ～(し)ましょう

動詞に付いて、勧誘や提案を表す文末語尾です。日本語の「～（し）ましょう」にあたります。母音語幹と子音語幹では形が異なります。ㄹ語幹は、ㄹが脱落して –ㅂ시다 が付きます。

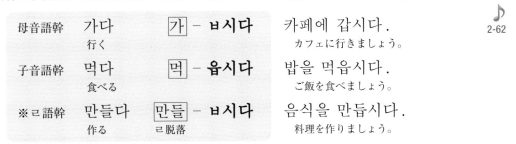

母音語幹	가다 行く	가 – ㅂ시다	카페에 갑시다. カフェに行きましょう。
子音語幹	먹다 食べる	먹 – 읍시다	밥을 먹읍시다. ご飯を食べましょう。
※ㄹ語幹	만들다 作る	만들 – ㅂ시다 ㄹ脱落	음식을 만듭시다. 料理を作りましょう。

♪ 2-62

練習 **5** 例にならい文を完成させよう。また、疑問文として適切なものを練習4の文から選んで番号を書き入れよう。

例 사진 写真 / 찍다 撮る   사진을 찍읍시다.

(1) 주말 週末 / 만나다 会う   疑問文（   ）

(2) 소설 小説 / 읽다 読む   疑問文（   ）

(3) 전철 電車 / 타다 乗る   疑問文（   ）

(4) 여기 ここ / 앉다 座る   疑問文（   ）

(5) 한국 영화 韓国映画 / 보다 見る   疑問文（   ）

1 韓国語に直してみよう。

⑴　何時から何時まで家にいますか。　　　　⑷　いくつ差し上げましょうか。(드리다)

⑵　何名様ですか。　　　　　　　　　　　　⑸　駅の前で会いましょうか。

⑶　いつからいつまで旅行に行きますか。　　⑹　ここに座りましょう。

2 例にならい対話文を完成させ、話してみよう。

例 구두 靴 / 옷 服 / 사다

　　A：구두부터 살까요?　　　　　　　　　B：옷부터 삽시다.

　　　　靴から（先に）買いましょうか。　　　　服から買いましょう。

⑴　냉면 冷麺 / 고기 肉 / 먹다　　　A：　　　　　　　　　B：

⑵　운동 運動 / 숙제 宿題 / 하다　　A：　　　　　　　　　B：

⑶　소주 焼酎 / 맥주 ビール / 마시다　A：　　　　　　　　　B：

⑷　명동 明洞 / 동대문 東大門 / 가다　A：　　　　　　　　　B：

⑸　떡볶이 トッポキ / 김밥 海苔巻き / 만들다

　　　　　　　　　　　　　　A：　　　　　　　　　B：

♪
2-63
3 次の音声を聞いて（　　　）の中を埋めてみよう。

⑴　(　　　　) 시에 (　　　　　　　).

⑵　언제 (　　　　) 언제 (　　　　) (　　　　) 예요?

⑶　무엇 (　　　) (　　　　　　　)?

⑷　몸이　(　　　　　　　)?

⑸　어디 (　　　) (　　　　　　)?

일하다 仕事する、働く	공부하다 勉強する	가다 行く	오다 来る
보다 見る	사다 買う	마시다 飲む	배우다 学ぶ
주다 あげる、やる	쓰다 書く	먹다 食べる	읽다 読む
받다 もらう	알다 知る・わかる	만들다 作る	놀다 遊ぶ
입다 着る	늦다 遅れる	찍다 撮る	신다 履く

2-64

第5課、第6課、第7課、第8課の復習文型

訳してみよう	書いて覚えよう
(1) 무엇이 좋아요?	
(2) 무엇을 좋아해요?	
(3) 싸고 맛있어요.	
(4) 공부를 하고 놀아요.	
(5) 음식도 맛있고 사람들도 친절해요.	
(6) 배가 고파요.	
(7) 무슨 아르바이트를 해요?	
(8) 유학생에게 일본어를 가르쳐요.	
(9) 선생님한테 한국말을 배워요.	
(10) 수발에 안 마빠요?	
(11) 몇 번 버스를 타요?	
(12) 전철로 가세요?	
(13) 이번주 토요일에 몇 시에 만날까요?	
(14) 한 시부터 네 시까지 볼일이 있어요.	
(15) 콜라 한 병하고 맥주 두 잔 주세요.	

練習 **1** 例にならい対話文を完成させ、話してみよう。

例 7：00 일어나다 起きる

A：몇 시에 일어나요? B：일곱 시에 일어나요.
何時に起きますか。 7時に起きます。

(1) 12：00 점심 / 먹다

A： B：

(2) 15：00～ 콘서트 / 시작하다 はじまる

A： B：

(3) 14：30～19：30 아르바이트 / 있다

A： B：

(4) 20：00～21：00 텔레비전 / 보다

A： B：

(5) 22：00 자다 寝る

A： B：

練習 **2** 次のスケジュールを見て話してみよう。

12月

일	월	화	수	목	금	토
	1	2	3	4	⑤	6
7	8	9	10	11	12	⑬
⑭	15	16	17	18	19	20
21	22	23	24	25	㉖	27
28	29	30	31			

5日 9：00～17：00 試験

13日 18：00～ 友達と映画

14日 12：30～ 家族とBBQ

26日～30日 韓国旅行

26日 11：20～13：50 成田 → 仁川

例 시험 試験　　오일에는 아홉 시부터 다섯 시까지 시험이 있어요.

(1) 영화 映画

(2) 바베큐 BBQ

(3) 여행 旅行

(4) 나리타 공항 成田空港

(5) 「～（し）ましょうか」「～（し）ましょう」にあたる表現を使って、友達と一緒に予定を作ってみよう。

제 9 과 미역국도 못 먹었어요.
わかめスープも食べられませんでした。

学習文法

1. 過去形 - 았/었 -
2. 못 ～できない
3. - 의 ～の

2-65

会話

유이: 태형 씨, 생일 축하합니다.

태형: 감사합니다. 어떻게 알았어요?

유이: 지영 씨가 말했어요. 케이크 먹었어요?

태형: 아니요. 케이크도 못 먹고 미역국도 못 먹었어요.

유이: 미역국이요?

태형: 한국 사람들은 생일에 미역국을 먹어요.
한국의 생일 문화예요.

유이: 아～ 드라마에서 봤어요.

語彙
2-66

생일	誕生日	못	～できない
축하하다	祝う	미역국	わかめのスープ
감사하다	感謝する	-(이)요?	～(のこと)ですか。
어떻게	どのように	-의	～の
알다	わかる、知る	문화	文化
말하다	話す	드라마	ドラマ
케이크	ケーキ	보다	見る

発音
2-67

축하합니다 [**추카합니다**]	먹었어요 [**머거써**요]	한국의 [한**구게**]
어떻게 [어**떠케**]	못 먹고 [**몬먹꼬**]	문화예요 [**무놔에**요]
알았어요 [**아라써**요]	미역국 [미역**꾹**]	봤어요 [**봐써**요]
말했어요 [**마래써**요]	못 먹었어요 [**몬머거써**요]	

70

文法 1-1　過去形：子音語幹用言 – 았/었 –

　用言に付いて、過去の動作、状態を表す補助語幹です。後ろに 해요 体や 합니다 体の文末語尾が付いて、日本語の「～（し）ました、でした」「～（し）ましたか、でしたか」にあたります。
　語幹末母音が ㅏ, ㅗ （陽母音）の場合は 았 – を、ㅏ, ㅗ 以外（陰母音）の場合は – 었 – を付けて、その後に – 어요 （해요体）や – 습니다 （합니다体）を付けます。

子音語幹用言の過去形

基本形	過去形	해요体	합니다体	
		平叙形・疑問形	平叙形	疑問形
– 다	ㅏ, ㅗ （陽母音）　＋ 았 – ㅏ, ㅗ 以外（陰母音）＋ 었 –	– 았/ 었 – 어요(?) ～（し）ました、でした(か)	– 았/ 었 – 습니다 ～（し）ました、でした	– 았/ 었 – 습니까? ～（し）ましたか、でしたか
먹다　食べる	먹 었다　食べた	먹었어요(?)	먹었습니다	먹었습니까?
놀다　遊ぶ	놀 았다　遊んだ	놀았어요(?)	놀았습니다	놀았습니까?
작다　小さい	작 았다　小さかった	작았어요(?)	작았습니다	작았습니까?
늦다　遅い	늦 었다　遅かった	늦었어요(?)	늦었습니다	늦었습니까?

点심에 무엇을 먹었어요?　　　잡채를 먹었습니다.
　お昼に何を食べましたか。　　チャプチェを食べました。　♪ 2-68

文法 1-2　過去形：하다用言 – 했 –

　– 하다 で終わる動詞・形容詞の過去形は – 했 – 어요 （해요 体）または – 했 – 습니다 （합니다体）になります。

하다用言の過去形

基本形	過去形	해요体	합니다体	
		平叙形・疑問形	平叙形	疑問形
– 하다	– 하 → 했 (하였) –	– 했 – 어요 ～しました(か)	– 했 – 습니다 ～しました	– 했 – 습니까? ～しましたか
공부하다　勉強する	공부했다　勉強した	공부했어요(?)	공부했습니다	공부했습니까?
조용하다　静かだ	조용했다　静かだった	조용했어요(?)	조용했습니다	조용했습니까?

어제 뭐 했어요?　　　회사에서 일했어요.　　　학교에서 공부했습니다.
　昨日何しましたか?　　　会社で働きました。　　学校で勉強しました。　♪ 2-69

文法1-3　過去形：名詞文 – 였/이었 –

名詞 이다（～である）の過去形は、母音終わりの名詞には – 였 – を、子音終わりの名詞には
– 이었 – を付けて、その後に – 어요（해요 体）や – 습니다（합니다 体）を付けます。

名詞文の過去形

基本形	過去形	해요体	합니다体	
		平叙形・疑問形	平叙形	疑問形
名詞 – 이다	母音終わり **+ 였** – 子音終わり **+ 이었** –	– 였/이었어요(?) ～でした（か）	– 였/이었습니다 ～でした	– 였/이었습니까? ～でしたか
숙제이다 宿題だ	숙제였다 宿題だった	숙제였어요(?)	숙제였습니다	숙제였습니까?
수업이다 授業だ	수업이었다 授業だった	수업이었어요(?)	수업이었습니다	수업이었습니까?

★ **覚えておこう**　否定文 – 가/이 아니다（～ではない）の過去形は、– 가/이 **아니었어요**（해요体）、
– 가/이 **아니었습니다**、– 가/이 **아니었습니까?**（합니다体）です。

생일이 아니었어요. 　誕생일이 아니었어요. 誕生日ではありませんでした。

生日ではありませんでした。

練習 1　過去形（～ました・でした）に活用させよう。

			해요 体	합니다 体
(1)	읽다	読む		
(2)	괜찮다	大丈夫だ		
(3)	맛있다	おいしい		
(4)	재미없다	面白くない		
(5)	만들다	作る		
(6)	받다	もらう		
(7)	찍다	（写真）撮る		
(8)	앉다	座る		
(9)	좋다	良い		
(10)	입다	着る		
(11)	많다	多い		
(12)	찾다	探す		
(13)	멀다	遠い		
(14)	씻다	洗う		
(15)	좋아하다	好きだ		
(16)	말하다	言う		
(17)	출발하다	出発する		
(18)	생일이다	誕生日だ		
(19)	휴가이다	休暇だ		

72

　過去形：母音語幹用言 −았 / 었 −

母音語幹の用言の場合は、語幹末母音が ㅏ, ㅗ（陽母音）の場合は −았 −、ㅏ, ㅗ 以外（陰母音）の場合は −었 − が付き、その後さらに母音の縮約が起こります。

母音語幹用言の過去形 — 母音縮約

基本形	過去形			해요体 平叙形 疑問形	합니다体	
					平叙形	疑問形
−다	ㅏ, ㅗ（陽母音）+ 았 ㅏ, ㅗ 以外（陰母音）+ 었	→ 母音縮約		−았 / 었요(?) ～ました(か) ～でした(か)	−았 / 었습니다 ～ました ～でした	−았 / 었습니까? ～ましたか ～でしたか
가다　行く	가았다	母音脱落	ㅏ + 아 → 갔다 行った	갔어요(?)	갔습니다	갔습니까?
서다　立つ	서었다		ㅓ + 어 → 섰다 立った	섰어요(?)	섰습니다	섰습니까?
켜다　点ける	켜었다		ㅕ + 어 → 켰다 点けた	켰어요(?)	켰습니다	켰습니까?
내다　出す	내었다		ㅐ + 어 → 냈다 出した	냈어요(?)	냈습니다	냈습니까?
세다　強い	세었다		ㅔ + 어 → 셌다 強かった	셌어요(?)	셌습니다	셌습니까?
보다　見る	보았다	母音結合	ㅗ + ㅏ → 봤다 見た	봤어요(?)	봤습니다	봤습니까?
주다　あげる	주었다		ㅜ + ㅓ → 줬다 あげた	줬어요(?)	줬습니다	줬습니까?
보이다　見える	보이었다		ㅣ + ㅓ → 보였다 見えた	보였어요(?)	보였습니다	보였습니까?
되다　なる	되었다		ㅚ + ㅓ → 됐다 なった	됐어요(?)	됐습니다	됐습니까?

어디에 갔어요?
どこに行きましたか。

서울에 갔어요.
ソウルに行きました。

♪
2-70

리포트를 냈습니까?
レポートを出しましたか。

네, 냈습니다.
はい、出しました。

| 練習 2 | 過去形（〜ました、でした）に活用させよう。 |

			해요체	합니다체
(1)	비싸다	（値段が）高い		
(2)	만나다	会う		
(3)	건너다	渡る		
(4)	오다	来る		
(5)	배우다	学ぶ、習う		
(6)	끝내다	終える		
(7)	켜다	点ける		
(8)	아프다	痛い、具合が悪い		
(9)	예쁘다	かわいい、きれいだ		
(10)	마시다	飲む		
(11)	기다리다	待つ		
(12)	안되다	だめだ		
(13)	사다	買う		
(14)	보내다	送る		
(15)	다니다	通う		

文法2　못 不可能　〜できない

動詞の前にきて、能力の不足や外的要因による不可能否定を表します。日本語の「〜できない」にあたる表現です。

2-71

	平叙文		疑問文	
가다 行く	못 가요.	行けません。	못 가요?	行けませんか。
먹다 食べる	못 먹어요.	食べられません。	못 먹어요?	食べられませんか。

⚠ **注意**　「名詞＋하다」構造の動詞の場合は、名詞と 하다 の間に 못 が置かれます。

	平叙文	疑問文
요리하다	요리 못 해요.	요리 못 해요?
料理する	料理できません。	料理できませんか。

74

練習 3 　例にならい「～できない」を表す文を完成させよう。

例　자전거 自転車 / 타다 乗る　→　자전거를 못 타요 . 自転車に乗れません。

(1)　피아노 ピアノ / 치다 弾く　　　　　(4)　청소하다 掃除する

(2)　반찬 おかず / 만들다 作る　　　　　(5)　노래하다 歌う

(3)　술 お酒 / 마시다 飲む　　　　　　(6)　수영하다 泳ぐ

文法3　　－의　～の

　複数の名詞を「AのB」のように繋ぐ助詞で、日本語の「～の」にあたります。話しことばでは －의 はよく省略されますが、長い名詞句を伴う場合や、「～との」「からの」など他の助詞の後、数量名詞句の後には付けます。名詞が母音で終わっても子音で終わっても同じ形が付きます。

| 母音終わりの名詞 | －의 | 어머니의 옛날 사진　お母さんの昔の写真 | ♪ |
| 子音終わりの名詞 | | 오늘의 추천 메뉴　　今日のおすすめのメニュー | 2-72 |

⚠ 注意(1)　1人称代名詞 저의 (私の)、나의 (私の) の場合は、話しことばにおいて縮約形 제 (私の), 내 (私の) の方がよく使われます。

　　(2)　名詞に付いた時の －의 は［에］と発音されます。

練習 4 　(　　)に「～の」にあたる助詞を付けてみよう。

(1)　한국 (　　　)　전통 문화　　韓国の伝統文化

(2)　도쿄 (　　　)　여름 날씨　　東京の夏の天気

(3)　부모님과 (　　　)　여행　　両親との旅行

(4)　두 권 (　　　)　책　　2冊の本

1 韓国語に直してみよう。

(1) どうやってわかりましたか。

(2) 両親（부모님）との旅行（여행）は良かったです。

(3) 朝ご飯（아침밥）を食べられませんでした。

(4) 電話できませんでした。授業でした。

(5) お誕生日おめでとうございます。

2 例にならい対話文を完成させ、話してみよう。

例 오늘 아침 今朝 / 빵 パン / 먹다 食べる
A：오늘 아침에 무엇을 먹었어요?　　　　B：빵을 먹었어요.

(1) 어제 昨日 / 친구 友達 / 만나다 会う
A：어제 누구　　　　　　　　　B：

(2) 주말 週末 / 동물원 動物園 / 가다 行く
A：주말에 어디　　　　　　　　B：

(3) 지난주 先週 / 메일 メール / 보내다 送る
A：언제　　　　　　　　　　　B：

3 例にならい対話文を完成させ、話してみよう。

例 선물 プレゼント / 사다 買う
A：선물을 샀어요?　　　　　　　B：아니요, 못 샀어요.

(1) 단어 単語 / 외우다 覚える　　　A：　　　　　　B：

(2) 사진 写真 / 찍다 撮る　　　　A：　　　　　　B：

(3) 짐 荷物 / 맡기다 預ける　　　A：　　　　　　B：

(4) 운동하다 運動する　　　　　A：　　　　　　B：

♪ 2-73 **4** 次の音声を聞いて（　　）の中を埋めてみよう。

(1) 그동안 （　　　　　　）지냈어요?

(2) 부모님（　　）여행은 （　　　　　　）?

(3) 한국 （　　）전통 문화를 （　　　　　）.

(4) 사람이 너무 （　　　　　）.

(5) 음식이 정말 （　　　　　）.

76

은행
銀行

우체국
郵便局

병원
病院

편의점
コンビニ

백화점
デパート

호텔
ホテル

공원
公園

극장
映画館

식당
レストラン

공항
空港

시장
市場

마트
マート、大型スーパー

서점
書店

바다
海

산
山

온천
温泉

카페
カフェ

옷집 / 옷가게
洋服屋

빵집 / 베이커리
パン屋

교실
教室

제10과 부모님이 오셨어요.

両親が来られました。

♪ 2-74

学習文法

1. −(으)시 −　尊敬
2. −(으)셨 −　尊敬過去
3. −께　〜(人)に

会話

태형: 오래간만이에요.

유이: 네. 정말 오랜만이에요. 잘 지냈어요?

태형: 지난주에 한국에서 부모님이 오셨어요.

유이: 구경은 많이 하셨어요?

태형: 온천에 다녀왔어요. 부모님이 아주 좋아하셨어요.

유이: 일본에는 언제까지 계십니까?

태형: 내일 가십니다.

♪ 2-75

語彙

오래간만(오랜만)	久しぶり	다녀오다	行ってくる
정말	本当に	아주	とても
잘	よく、元気に	좋아하다	喜ぶ、好む
지내다	過ごす	좋아하시다	喜ばれる（尊敬）
지난주	先週	−에는	〜には
부모님	両親	언제	いつ
오시다	来られる	−까지	〜まで
하시다	なさる	계시다	いらっしゃる
−(으)셨어요	〜られました（尊敬過去）	내일	明日
구경 (하다)	見物（する）	가시다	行かれる
온천	温泉		

♪ 2-76

発音

오래간만이에요 [오래간**마니**에요]

오랜만이에요 [오랜**마니**에요]

지냈어요 [지**내써**요]

오셨어요 [오**셔써**요]

다녀왔어요 [다녀**와써**요]

좋아하셨어요 [**조**아하**셔써**요]

계십니까 [**게심니**까]

가십니다 [가**심니**다]

78

文法1　- (으) 시 -　尊敬

　用言に付く補助語幹で敬意を表します。後ろに文末語尾 합니다体が付いた形で日本語の「〜られます、〜なさいます」「〜られますか、〜なさいますか」にあたります。

	基本形 - 다	尊敬語尾 - (으)시 -	平叙形 - (으)시 - ㅂ니다	疑問形 - (으)시 - ㅂ니까?
母音語幹	하다 する	하시다　なさる	하십니다	하십니까?
子音語幹	받다 もらう	받으시다 お受けになる	받으십니다	받으십니까?
※ㄹ語幹 (ㄹ脱落)	만들다 作る	만들시다　お作りになる	만드십니다	만드십니까?

練習 1　尊敬形に活用させよう。

			平叙形　〜られます	疑問形　〜られますか
(1)	좋아하다	好きだ		
(2)	찾다	探す		
(3)	가다	行く		
(4)	읽다	読む		
(5)	괜찮다	大丈夫だ		
(6)	살다	住む		

 참고　- (으)십니다, - (으)십니까? は 합니다体の尊敬形であり、- (으)세요 (第7課) は 해요体の尊敬形です。

★ 覚えておこう　尊敬動詞

	尊敬動詞	합니다体	
		平叙形 - ㅂ니다	疑問形 - ㅂ니까?
먹다 食べる 마시다 飲む	드시다 召し上がる	드십니다	드십니까?
있다 いる	계시다 いらっしゃる	계십니다	계십니까?
자다 寝る	주무시다 お休みになる	주무십니다	주무십니까?

★ 覚えておこう

名詞 + 이다 (〜だ) の尊敬形は、名詞 + (이)십니다. 名詞 + (이)십니까? です。
선생님이십니다. 先生でいらっしゃいます。　　누구십니까? どなたですか。

2-77

練習 2　例にならい尊敬形を使った対話文を完成させよう。

例　자다　　A : 몇 시에 주무십니까?　　B : 11시에 잡니다.
　　　　　　何時にお休みになりますか。　　　11時に寝ます。

(1)　먹다　　A : 점심은 무엇을　　　　　　　B : 김밥을

(2)　이다　　A : 저 분은 누구　　　　　　　　B : 선생님

(3)　있다　　A : 집에 누가　　　　　　　　　B : 언니가

(4)　마시다　A : 커피를　　　　　　　　　　　B : 아니요,

文法 2　┃ -(으)셨 -　**尊敬過去**

尊敬形 -시- と過去形 -었- が結合して縮約された形で、尊敬の過去を表します。後ろに文末語尾 해요体 や 합니다体 が付いた形で日本語の「～なさいました、～られました」「～なさいましたか、～られましたか」にあたります。

	基本形 - 다	尊敬-過去 - (으)셨 -	해요体 - (으)셨 - 어요	합니다体 - (으)셨 - 습니다
母音語幹	하다 する	(하 + 시 + 었다)　하셨다	하셨어요	하셨습니다
子音語幹	받다 もらう	(받 + 으시 + 었다)　받으셨다	받으셨어요	받으셨습니다
※ㄹ語幹 (ㄹ脱落)	만들다 作る	(만드 + 시 + 었다)　만드셨다	만드셨어요	만드셨습니다

♪
2-78

疑問形 -(으)셨어요? (해요体)　　- (으)셨습니까? (합니다体)
　　가셨어요? 行かれましたか。　읽으셨습니까? 読まれましたか。

★ **覚えておこう**　尊敬動詞

	尊敬動詞	尊敬-過去	해요体	합니다体
먹다 食べる 마시다 飲む	드시다 召し上がる	(드시 + 었 -)　드셨다	드셨어요	드셨습니다
있다 いる	계시다 いらっしゃる	(계시 + 었 -)　계셨다	계셨어요	계셨습니다
자다 寝る	주무시다 お休みになる	(주무시 + 었 -) 주무셨다	주무셨어요	주무셨습니다

疑問形 드셨어요? 召し上がりましたか。　　계셨습니까? いらっしゃいましたか。

尊敬過去「～られました」に活用させよう。

			해요体 －(으)셨어요	합니다体 －(으)셨습니다
(1)	오다	来る		
(2)	전화하다	電話する		
(3)	주다	あげる、くれる		
(4)	찍다	（写真）撮る		
(5)	지내다	過ごす		
(6)	알다	知る、わかる		
(7)	있다	いる		
(8)	먹다	食べる		
(9)	살다	住む		
(10)	괜찮다	大丈夫だ		
(11)	좋아하다	喜ぶ、好きだ		
(12)	찾다	探す		

文法 3   －께　（人）に

助詞 －에게 の尊敬形で、日本語の「（人）に」にあたります。名詞が母音で終わっても子音で終わっても同じ形が付きます。

母音終わりの名詞 子音終わりの名詞	－께

할머니께 드립니다.　祖母に差し上げます。
부모님께 연락합니다.　両親に連絡します。

♪ 2-79

練習 4　「～に（尊敬助詞）～を～ました」のように文を完成させよう。해요体

(1) 할아버지 祖父/ 전화 電話/ 드리다 差し上げる

(2) 선생님 先生/ 편지 手紙/ 쓰다 書く

(3) 어머님 お母様/ 소포 小包/ 보내다 送る

(4) 아버님 お父様/ 넥타이 ネクタイ/ 선물하다 プレゼントする

1 韓国語に直してみよう。

⑴ 韓国にいつまでいらっしゃいますか？

⑵ 日本から両親が来られました。

⑶ 元気に過ごされましたか。

⑷ 本当にお久しぶりです。

⑸ 先週温泉に行ってきました。

2 例にならい対話文を完成させ、話してみよう。

例 무엇 / 하다 / 쇼핑　何，する，買い物

　　A：무엇을 하셨어요?　　　　　　　　　B：쇼핑을 했어요.

　　　 何をなさいましたか。　　　　　　　　　 買い物をしました。

⑴ 어디 / 가다 / 산　どこ，行く，山

　　A：　　　　　　　　　　　　　 B：

⑵ 언제 / 오다 / 어젯밤　いつ，来る，昨夜

　　A：　　　　　　　　　　　　　 B：

⑶ 뭐 / 만들다 / 빵　何，作る，パン

　　A：　　　　　　　　　　　　　 B：

⑷ 무엇 / 먹다 / 만두　何，食べる，餃子

　　A：　　　　　　　　　　　　　 B：

⑸ 누구 / 받다 / 친구　誰，もらう，友達

　　A：　　　　　　　　　　　　　 B：

3 次の音声を聞いて（　　　）の中を埋めてみよう。

2-80

⑴ 어디 (　　　　) (　　　　　　　　　)?

⑵ 할머니 (　　　　) 전화를 (　　　　　　　).

⑶ 뭐 (　　　　) (　　　　　　　)?

⑷ 다음주 (　　　　) (　　　　　　　)?

⑸ 아버지는 (　　　　) 신문을 (　　　　　　　　　).

할아버지
(父方) お祖父さん

할머니
(父方) お祖母さん

(외) 할아버지
(母方) お祖父さん

(외) 할머니
(母方) お祖母さん

삼촌
(父方)叔父さん

고모
(父方)叔母さん

아버지
お父さん

어머니
お母さん

(외) 삼촌
(母方)叔父さん

이모
(母方)叔母さん

형 / 오빠
兄

누나 / 언니
姉

나
私

남동생
弟

여동생
妹

제11과 여행을 가고 싶어요.

旅行に行きたいです。

学習文法

1. ‐고 싶다 〜たい（希望）
2. ‐(으)러 〜(し)に（移動の目的）
3. ‐지요(‐죠)？ 〜ですよね、ますよね
4. ‐겠‐ （未来意志・推測）

会話

2-81

태형： 방학에 뭐 해요?

유이： 한국에 여행을 가고 싶어요.

태형： 작년에도 서울에 갔지요?

유이： 네. 올해는 부산으로 가고 싶어요.

태형： 저도 이번에 부산에 놀러 가요.

유이： 정말이요? 그럼, 한국에서 만날까요?

태형： 좋지요. 빨리 비행기 표 예약하세요.

유이： 알겠습니다. 이번주에 예약하겠습니다.

語彙

2-82

방학	（学校の）休み	‐(으)러	〜（し）に
여행(하다)	旅行（する）	‐(이)요?	〜（のこと）ですか
‐고 싶다	〜（し）たい	‐지요(‐죠)	（もちろん）〜ですよ、
작년	昨年		〜ですよね、ますよね
서울	ソウル	비행기	飛行機
올해	今年	표	チケット、切符
‐(으)로	へ（方向）	예약(하다)	予約（する）
부산	釜山	이번주	今週
이번	今度の、今回の	‐겠습니다	〜（し）ますよ
이번에	今度		

発音

2-83

방학에 [방**하게**]　　　　정말이요 [정**마리요**]　　　　알겠습니다 [알**겐씀**니다]

싶어요 [**시퍼**요]　　　　좋지요 [**조치**요]　　　　이번주 [이번**쭈**]

작년에 [**장녀네**]　　　　예약하세요 [예**야카**세요]

文法 1　| – 고 싶다　希望　〜たい |

　動作動詞に付いて願望を表す表現で、日本語の「〜たい」にあたります。母音語幹でも子音語幹でも同じ形が付きます。

| 母音語幹 | 가다
行く | | 가고 싶다
行きたい | 한국에 가고 싶어요.
韓国に行きたいです。 | ♪
2-84 |
| 子音語幹 | 먹다
食べる | – 고 싶다 | 먹고 싶다
食べたい | 불고기를 먹고 싶습니다.
焼肉が食べたいです。 | |

練習 1　例にならい「何をしたいですか」に対する答えを完成させよう。

例　그림 絵 / 그리다

　　A : 무엇을 하고 싶어요?　　B : 그림을 그리고 싶어요. 絵を描きたいです。

(1)　드라마 / 보다　　　　　　　　B :

(2)　노래 / 부르다 歌う　　　　　　B :

(3)　책 / 읽다　　　　　　　　　　B :

(4)　집 / 쉬다 休む　　　　　　　　B :

(5)　기타 ギター / 배우다　　　　　B :

文法 2　| – (으)러　移動の目的　〜(し)に |

　動作動詞に付いて移動の目的を表す表現です。移動動詞を伴った – (으)러 가다 / 오다 の形で日本語の「〜(し)に行く、来る」にあたります。母音語幹と子音語幹では形が異なり、ㄹ語幹には母音語幹と同様に – 러 が付きます。

母音語幹	사다 買う		사러	사러 가요.　買いに行きます。	♪ 2-85
※ㄹ語幹	놀다 遊ぶ	– 러	놀러	놀러 오세요.　遊びに来てください。	
子音語幹	먹다 食べる	– 으러	먹으러	먹으러 가요.　食べに行きます。	

練習 2 例にならい文を完成させよう。

例 옷 服/사다 買う/가다 → 옷을 사러 가요. 服を買いに行きます。

(1) 야구 野球/보다/가다

(2) 손 手/씻다 洗う/가다

(3) 저녁 夕飯/먹다/오다

(4) 친구/만나다/가다

(5) 태권도 テコンドー/배우다/다니다 通う

文法 3 − 지요(-죠)? ～ですよ(ね)、ますよ(ね)

用言に付いて、確認や同意を求める文末語尾です。疑問文では日本語の「～ですよね、ますよね/～でしょう、ましょう」、平叙文では「(もちろん) ～ますよ、ですよ」にあたります。話しことばでは縮約形の − 죠 がよく用いられます。母音語幹でも子音語幹でも同じ形が付きます。

2-86

| 母音語幹 | 가다
行く | − **지요**
(− **죠**) | 가**지요**
(가**죠**) | 유이 씨도 가죠? ユイさんも行きますよね。
네. 저도 가죠. はい。(もちろん)私も行きますよ。 |
| 子音語幹 | 맛있다
美味しい | | 맛있**지요**
(맛있**죠**) | 음식이 맛있지요? 料理美味しいでしょ。
네. 맛있어요. はい。美味しいです。 |

◆参考 名詞+이다 の場合は、名詞 + (이)지요?、または名詞 + (이)죠? です。

 練習 3 例にならい、 − 죠 を使って対話文を完成させよう。

例 A : 등산을 좋아하죠? 山登り好きでしょ?   B : 네, 좋아해요. はい、好きです。

(1) A : 음식 (料理) 이 좀   B : 아니요, 안 짜요.

(2) A : 한복 (韓服) 이   B : 네, 정말 예뻐요.

(3) A : 약속이   B : 네, 내일이에요.

(4) A : 학교가   B : 네, 이 근처예요.

文法4 －겠－ 未来意志・推測

　動詞に付く補助語幹で、話し手の意志を表したり、聞き手の意志を尋ねたりする時に用いられます。また、丁寧さや謙遜を含意し、あいさつ等の慣用表現、天気予報にも用いられます。文末は－겠습니다 のように 합니다体とともによく使われます。母音語幹でも子音語幹でも同じ形が付きます。

母音語幹　기다리다
　　　　　待つ
　　　　　　　　　　－겠다
子音語幹　　먹다
　　　　　食べる

기다리겠다　여기서 기다리겠습니다.
待つ　　　　ここでお待ちします。

먹겠다　저는 비빔밥을 먹겠습니다.
食べる　　私はビビンバを食べます。

♪ 2-87

話し手や聞き手の意志	慣用表現	天気予報
연락주세요. 네. 연락하겠습니다. 連絡ください。　はい。連絡します。	잘 먹겠습니다. いただきます。	내일은 비가 오겠습니다. 明日は雨のようです。
손님, 주문하시겠습니까? お客様、ご注文なさいますか。	처음 뵙겠습니다. はじめまして。	주말에는 눈이 오겠습니다. 週末は雪のようです。

練習 4　　－겠－ を使って対話文を完成させよう。 합니다体

例　A：연락하세요.　連絡して下さい。　　　B：네, 연락하겠습니다.　はい、連絡します。

(1) A：운동하세요.

　　B：(운동하다 →) 네,

(2) A：알겠습니까?

　　B：(잘 모르다 よくわからない →) 아니요,

(3) A：책을 많이 읽으세요.

　　B：(많이 읽다 →) 네,

(4) A：리포트를 내일까지 내세요.

　　B：(내일 내다 明日出す →) 네,

1 韓国語に直してみよう。

⑴ 春（봄）休みに何をしたいですか？　　　⑷ お客様（손님）、ご注文なさいますか。

⑵ 家に遊びに来てください。　　　　　　　⑸ 早く飛行機のチケットを予約してください。

⑶ 去年も韓国に行きましたよね。　　　　　⑹ わかりました。今日予約します。

2 例にならい対話文を完成させ、話してみよう。

例 먹다 A : 무슨 음식을 먹고 싶어요?　　　　　　　B : 떡볶이를 먹고 싶어요.

⑴ 보다　A :　　　　　　　　　　　　B : 코미디 영화

⑵ 읽다　A :　　　　　　　　　　　　B : 소설 책

⑶ 듣다　A :　　　　　　　　　　　　B : 케이팝

⑷ 사다　A :　　　　　　　　　　　　B : 티셔츠

⑸ 가다　A :　　　　　　　　　　　　B : 바다

3 例にならい対話文を選んで、話してみよう。

⑴ 다녀오세요.　　　　　　●　　　　　　● 다음주에 가겠습니다.

⑵ 많이 드세요.　　　　　　●　　　　　　● 제가 하겠습니다.

⑶ 안녕히 가세요.　　　　　●　　　　　　● 김치찌개를 먹겠습니다.

⑷ 누가 하시겠습니까?　　　●　　　　　　● 다녀오겠습니다.

⑸ 뭘 드시겠습니까?　　　　●　　　　　　● 또 뵙겠습니다.

⑹ 언제 오시겠습니까?　　　●　　　　　　● 잘 먹겠습니다.

♪
2-88

4 次の音声を聞いて（　　　）の中を埋めてみよう。

⑴ 내일도 수업이 (　　　　　)?

⑵ 다시 연락(　　　　　　　　).

⑶ 어머니는 (　　　　　　　　) 가셨습니다.

⑷ 무엇을 (　　　　　　　　)?

⑸ 한복을 (　　　　　　　).

88

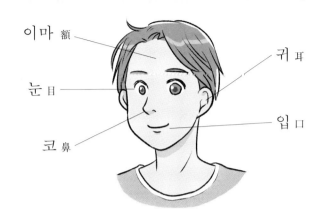

이마 額
눈 目
코 鼻
귀 耳
입 口

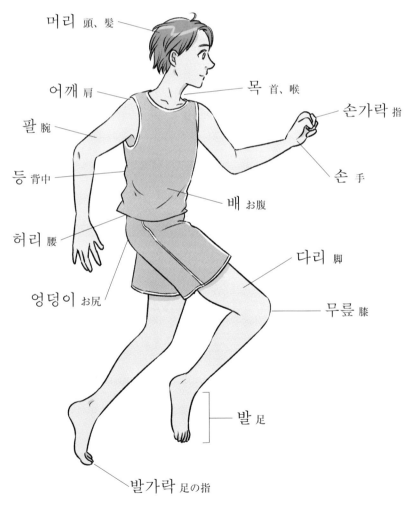

머리 頭、髪
어깨 肩
팔 腕
등 背中
허리 腰
엉덩이 お尻
목 首、喉
손가락 指
손 手
배 お腹
다리 脚
무릎 膝
발 足
발가락 足の指

復 習 4

♪
2-89

第9課、第10課、第11課の復習文型

訳してみよう	書いて覚えよう
(1) 어떻게 지냈어요? 잘 지냈어요.	
(2) 연락했어요? 아니요, 연락 못 했어요.	
(3) 친구들과의 여행은 재미있었어요?	
(4) 지난주에 한국에서 부모님이 오셨어요.	
(5) 할머니께 전화를 드렸어요.	
(6) 한국에 언제 가십니까? 내일 갑니다.	
(7) 뭐라고 하셨어요?	
(8) 여행을 가고 싶어요.	
(9) 집에서 쉬고 싶습니다.	
(10) 친구를 만나러 가요.	
(11) 우리 집에 놀러 오세요. 네. 놀러 가겠습니다.	
(12) 내일도 수업이 있죠? 네. 있어요.	
(13) 이 그림 예쁘죠? 네. 정말 예뻐요.	
(14) 다시 연락 드리겠습니다.	
(15) 손님, 주문하시겠습니까?	

練習 1　□□□□□の中から適切な述語を選んで疑問文（尊敬形）を完成させ、答えてみよう。尊敬動詞に注意しよう。

例　A：무슨 음식을 좋아하십니까?　　　　　B：짜장면을 좋아해요.

(1)　A：어디에　　　　　　　　　　　　B：

(2)　A：어디에서 한국말을　　　　　　　B：

(3)　A：최근에 무슨 영화를　　　　　　　B：

(4)　A：지난주에 누구를　　　　　　　　B：

(5)　A：오늘 아침에 무엇을　　　　　　　B：

(6)　A：어젯밤에 몇 시에　　　　　　　　B：

만나다　　배우다　　먹다　　살다　　~~좋아하다~~　　자다　　보다

練習 2　□□□□□の中から適切な語句を選んで、対話文のBを完成させよう。

例　A：어디에 가요?　　　B：도서관에 공부하러 가요.

(1)　A：어디에 가요?　　　B：공원

(2)　A：어디에 가요?　　　B：서점

(3)　A：어디에 가요?　　　B：PC방

(4)　A：어디에 가요?　　　B：은행

(5)　A：어디에 가요?　　　B：우체국

(6)　A：어디에 가요?　　　B：미용실

게임을 하다　　바베큐를 하다　　소포를 부치다　　~~공부하다~~ 책을 사다　　머리를 자르다　　돈을 찾다

動詞　基本形	– 아요/ – 어요(?)	– 았어요/ – 었어요(?)	– ㅂ니다/ – 습니다	– 았습니요/ – 었습니다	– 고
	～ます・です(か)	～ました(か)・でした(か)	～ます・です	～ました・でした	～して、
する　하다	해요	했어요	합니다	했습니다	하고
行く　가다	가요	갔어요	갑니다	갔습니다	가고
あげる　주다	줘요	줬어요	줍니다	줬습니다	주고
見る　보다	봐요	봤어요	봅니다	봤습니다	보고
飲む　마시다	마셔요	마셨어요	마십니다	마셨습니다	마시고
受け取る　받다	받아요	받았어요	받습니다	받았습니다	받고
探す　찾다	찾아요	찾았어요	찾습니다	찾았습니다	찾고
ある・いる　있다	있어요	있었어요	있습니다	있었습니다	있고
笑う　웃다	웃어요	웃었어요	웃습니다	웃었습니다	웃고
形容詞　基本形					
良い　좋다	좋아요	좋았어요	좋습니다	좋았습니다	좋고
小さい　작다	작아요	작았어요	작습니다	작았습니다	작고
遅い　늦다	늦어요	늦었어요	늦습니다	늦었습니다	늦고
(値段) 高い　비싸다	비싸요	비쌌어요	비쌉니다	비쌌습니다	비싸고
ㄹ 変則用言　基本形					
住む　살다	살아요	살았어요	삽니다	살았습니다	살고
作る　만들다	만들어요	만들었어요	만듭니다	만들었습니다	만들고
開ける　열다	열어요	열었어요	엽니다	열었습니다	열고
甘い　달다	달아요	달았어요	답니다	달았습니다	달고
遠い　멀다	멀어요	멀었어요	멉니다	멀었습니다	멀고
ㅡ 変則用言　基本形					
忙しい　바쁘다	바빠요	바빴어요	바쁩니다	바빴습니다	바쁘고
痛い　아프다	아파요	아팠어요	아픕니다	아팠습니다	아프고
きれい・可愛い　예쁘다	예뻐요	예뻤어요	예쁩니다	예뻤습니다	예쁘고
大きい　크다	커요	컸어요	큽니다	컸습니다	크고
書く　쓰다	써요	썼어요	씁니다	썼습니다	쓰고

– (으)ㄹ까요?	– (으)ㅂ시다	– (으)세요(?)	–(으)셨어요(?)	– (으)십니다	– (으)셨습니다
～ましょうか（提案） ～でしょうか（推測）	～ましょう （勧誘）	～られます（か） （尊敬）	～られました（か） （尊敬過去）	～られます （尊敬）	～られました （尊敬過去）
할까요?	합시다	하세요	하셨어요	하십니다	하셨습니다
갈까요?	갑시다	가세요	가셨어요	가십니다	가셨습니다
줄까요?	줍시다	주세요	주셨어요	주십니다	주셨습니다
볼까요?	봅시다	보세요	보셨어요	보십니다	보셨습니다
마실까요?	마십시다	드세요	드셨어요	드십니다	드셨습니다
받을까요?	받읍시다	받으세요	받으셨어요	받으십니다	받으셨습니다
찾을까요?	찾읍시다	찾으세요	찾으셨어요	찾으십니다	찾으셨습니다
있을까요?	있읍시다	계세요	계셨어요	계십니다	계셨습니다
웃을까요?	웃읍시다	웃으세요	웃으셨어요	웃으십니다	웃으셨습니다
좋을까요?	–	좋으세요	좋으셨어요	좋으십니다	좋으셨습니다
작을까요?	–	작으세요	작으셨어요	작으십니다	작으셨습니다
늦을까요?	–	늦으세요	늦으셨어요	늦으십니다	늦으셨습니다
비쌀까요?	–	–	–	–	–
살까요?	삽시다	사세요	사셨어요	사십니다	사셨습니다
만들까요?	만듭시다	만드세요	만드셨어요	만드십니다	만드셨습니다
열까요?	엽시다	여세요	여셨어요	여십니다	여셨습니다
달까요?	–	–	–	–	–
멀까요?	–	–	–	–	–
바쁠까요?	–	바쁘세요	바쁘셨어요	바쁘십니다	바쁘셨습니다
아플까요?	–	아프세요	아프셨어요	아프십니다	아프셨습니다
예쁠까요?	–	예쁘세요	예쁘셨어요	예쁘십니다	예쁘셨습니다
클까요?	–	크세요	크셨어요	크십니다	크셨습니다
쓸까요?	씁시다	쓰세요	쓰셨어요	쓰십니다	쓰셨습니다

助　詞

		課	ページ
가 / 이	が	2	29
와 / 과	と	4	41
까지	まで	8	63
께	に（尊敬）	10	81
는 / 은	は	1	25
도	も	3	34
(으)로	で（手段）、へ（方向）	7	58
를 / 을	を	5	48

		課	ページ
부터	から（数、時）	8	63
에	に	3	33
에게	に（有生物）	6	53
에서	で（場所）	4	40
에서	から（場所）	4	40
의	の	9	75
하고	と	4	41
한테	に（有生物）	6	53

語　尾

		用法	課	ページ
用言 － 겠 －	～(す)るつもり	意志、推測	11	87
用言 － 고	～(し)て、	羅列	5	48
用言 － 고 싶다	～(し)たい	願望	11	85
用言 － ㅂ니다 / 습니다	～です・ます	丁寧 － 平叙	3	35
用言 － ㅂ니까 / 습니까	～ですか・ますか	丁寧 － 疑問	3	35
用言 － 아요 / 어요	～です・ます(か)	丁寧 － 平叙、疑問、勧誘、命令	5	47, 51
用言 － 았 / 었 －	～(し)た	過去	9	71, 73
用言 － (으)ㄹ까요?	～(し)ましょうか	提案、推測	8	64
用言 － (으)러	～(し)に	（移動の）目的	11	85
用言 － (으)ㅂ시다	～(し)ましょう	勧誘	8	65
用言 － (으)세요	～(し)てください	尊敬 － 平叙、疑問、勧誘、命令	7	59
用言 － (으)시 －	～(さ)れる	尊敬	10	79
用言 － (으)셨 －	～(さ)れた	尊敬 － 過去	10	80
用言 － 지 않다	～(し)ない	否定	4	39
用言 － 지요 (－ 죠 縮約形)	～です・ますよね	確認 － 平叙、疑問、勧誘	11	86
体言 － 가 / 이 아니에요	～ではありません	否定	2	30
体言 － 예요 / 이에요	～です・ます	丁寧 － 平叙、疑問	2	29
体言 － 였 / 이었 －	～だった	過去	9	72
体言 － 입니까?	～ですか	丁寧 － 疑問	1	26
体言 － 입니다	～です	丁寧 － 平叙	1	26
体言 － 이지요 (－ 이죠 縮約形)	～ですよね	確認 － 平叙、疑問	11	86

単 語（韓日）

※数字は文法編課数を示す。

		課
가게	店	5
가깝다	近い	4
가다	行く	3
가르치다	教える	6
가방	鞄	1
가수	歌手	2
가시다	行かれる	10
가족	家族	1
감사하다	感謝する	9
감사합니다	ありがとうございます	3
같다	同じだ	4
같이	一緒に	4
개	(何)個	8
거기	そこ	2
건너다	渡る	6
건너편	向かい側	4
건물	建物	3
걸리다	(時間が)かかる	7
계시다	いらっしゃる	7
고기	肉	5
고추	唐辛子	3
고프다	(お腹が)すく	6
고향	故郷	1
공부	勉強	5
공부하다	勉強する	3
공원	公園	1
과일	果物	3
과자	お菓子	2
과제	課題	3
괜찮다	大丈夫だ	3
교과서	教科書	1
교시	時限	7
교실	教室	7
구	9	7
구경하다	見物する	10
구두	靴	5
구십	90	7
구월	9月	7
국	汁	9
굳이	強いて、敢えて	4
권	(何)冊	8
귀	耳	3
그	その	1
그것 (그거)	それ	1
그동안	その間	9
그럼	では	5
그리다	描く	11
그림	絵	11

		課
근처	近所	3
기다리다	待つ	6
기쁘다	嬉しい	6
기타	ギター	11
김밥	のりまき	8
김치	キムチ	3
김치찌개	キムチチゲ	11
꽃	花	6
끄다	消す	6
끝나다	終わる	6
끝내다	終える	9
ㄴ		
나	私	9
나가다	出ていく、出かける	6
나누다	分ける	6
나쁘다	悪い	6
나의	私の	9
나이	歳	1
날씨	天気	3
남동생	弟	1
남자 친구	彼氏	2
내	私の	9
내다	出す	6
내리다	降りる	6
내일	明日	2
냉면	冷麺	3
너무	あまりにも	6
넓다	広い	4
네	はい	1
넥타이	ネクタイ	10
넷	4	8
년	年	7
노래하다	歌う	5
노트	ノート	4
놀다	遊ぶ	4
누가	誰が	2
누구	誰	1
누나	姉(男性から見て)	3
눈	雪	11
눈이 오다	雪が降る	11
느리다	遅い	4
늦다	遅い、遅れる	9
ㄷ		
다녀오다	行ってくる	10
다니다	通う	4
다르다	異なる	4
다섯	5	8
다시	再び	11
다음	今度の、次	8

97

98

어디	どこ	1
어머니	お母さん	1
어머님	お母様	10
어서	さあ、どうぞ	7
어제	昨日	9
어젯밤	昨夜	10
억	億	7
언니	姉（女性から見て）	2
언제	いつ	1
얼마	いくら	7
없다	ない、いない	3
없습니다	ありません、いません	3
여기	ここ	2
여덟	8	8
여동생	妹	4
여든	80	8
여름	夏	9
여섯	6	8
여행	旅行	7
여행하다	旅行する	11
역	駅	3
연락	連絡	10
연락하다	連絡する	6
연필	鉛筆	7
열	10	8
열다	開ける	4
영화	映画	8
옆	横	3
예	はい	1
예쁘다	かわいい	3
예순	60	8
예약	予約	11
예약하다	予約する	11
옛날	昔	9
오	5	7
오늘	今日	1
오다	来る	3
오래간만	久しぶり	10
오랜만	久しぶり	10
오렌지 주스	オレンジジュース	7
오른쪽	右側	4
오빠	兄（女性から見て）	6
오시다	来られる	10
오십	50	7
오월	5月	7
오후	午後	8
온천	温泉	10
올해	今年	11
옷	服	3
외우다	覚える	9
왼쪽	左側	4
요리	料理	9
요리하다	料理する	9
우리	私たち	2
운동	運動	2
운동하다	運動する	5
울다	泣く	4
웃다	笑う	5
원	ウォン	1
월	（何）月	7
위	上	3
유월	6月	7
육	6	7
육십	60	7
은행	銀行	3
음료수	飲み物	4
음식	食べ物	3
음악	音楽	5
의자	椅子	1
이	2	7
이	この	1
이것 （이거）	これ	1
이다	～である	9
이름	名前	1
이모	叔母、おばさん	4
이번	今度の、今回の	11
이번에	今度	11
이번주	今週	8
이십	20	7
이월	2月	7
인천	仁川（地名）	8
일	1	7
일	（何）日	7
일	仕事、用事	6
일곱	7	8
일본	日本	1
일본 사람	日本人	1
일본어	日本語	1
일어서다	立ち上がる	6
일요일	日曜日	8
일월	1月	7
일하다	仕事する、働く	7
일흔	70	8
읽다	読む	3
입다	着る	3
있다	ある、いる	3
있습니다	あります、います	3

ㅈ

자다	寝る	7
자전거	自転車	7
작년	昨年	11
작다	小さい	3

単　語（日韓）

※数字は文法編課数を示す。

1	하나	8
2	둘	8
3	셋	8
4	넷	8
5	다섯	8
6	여섯	8
7	일곱	8
8	여덟	8
9	아홉	8
10	열	8
20	스물	8
30	서른	8
40	마흔	8
50	쉰	8
60	예순	8
70	일흔	8
80	여든	8
90	아흔	8
1（漢数）	일	7
10（漢数）	십	7
10月	시월	7
11月	십일월	7
12月	십이월	7
1月	일월	7
2（漢数）	이	7
20（漢数）	이십	7
2月	이월	7
3（漢数）	삼	7
30（漢数）	삼십	7
3月	삼월	7
4（漢数）	사	7
40（漢数）	사십	7
4月	사월	7
5（漢数）	오	7
50（漢数）	오십	7
6（漢数）	육	7
60（漢数）	육십	7
6月	유월	7
7（漢数）	칠	7
70（漢数）	칠십	7
7月	칠월	7
8（漢数）	팔	7
80（漢数）	팔십	7
8月	팔월	7
9（漢数）	구	7
90（漢数）	구십	7
9月	구월	7

あ

会う	만나다	3

開ける	열다	4
あげる	주다	6
朝ご飯	아침밥	9
明日	내일	2
預ける	맡기다	6
あそこ	저기	2
遊ぶ	놀다	4
あちら	저쪽	2
集まり	모임	7
兄（女性から見て）	오빠	6
兄（男性から見て）	형	4
姉（女性から見て）	언니	2
姉（男性から見て）	누나	3
あの	저	1
あまりにも	너무	6
雨	비	8
雨が降る	비가 오다	8
洗う	씻다	5
ありがとうございます	감사합니다	3
あります、います	있습니다	3
ありません、いません	없습니다	3
ある、いる	있다	3
アルバイト	아르바이트	5
あれ	저것(저거)	1

い

いいえ	아니요	2
いいです	좋아요	8
家	집	1
行かれる	가시다	10
行く	가다	3
いくら	얼마	7
椅子	의사	1
忙しい	바쁘다	6
痛い、具合が悪い	아프다	6
いつ	언제	1
一緒に	같이	4
行ってくる	다녀오다	10
妹	여동생	4
いらっしゃる	계시다	7
祝う	축하하다	9

う

上	위	3
ウォン	원	7
後ろ	뒤	3
歌う	노래하다	5
歌う、呼ぶ	부르다	11
海	바다	4
売る	팔다	4
嬉しい	기쁘다	6

日本語	韓国語	課
（何）個	개	8
（何）号	호	7
公園	공원	1
（何）号室	호실	7
後輩	후배	6
コーヒー	커피	1
5月	오월	7
故郷	고향	1
ここ	여기	2
午後	오후	8
小包	소포	10
今年	올해	11
異なる	다르다	4
この	이	1
ご飯	밥	5
来られる	오시다	10
これ	이것 (이거)	1
今度の、今回の	이번	11
今週	이번주	8
今度	이번에 , 다음에	11
こんにちは	안녕하세요	1
コンビニ	편의점	3

さ

日本語	韓国語	課
（何）歳	살	8
サイズ	사이즈	3
財布	지갑	4
探す	찾다	5
昨年	작년	11
昨夜	어젯밤	10
差し上げる	드리다	7
（何）冊	권	8
サムギョプサル	삼겹살	5
さようなら	안녕히 계세요	7
～さん	씨	1
散歩	산책	5

し

日本語	韓国語	課
（何）時	시	8
強いて、敢えて	굳이	4
塩辛い	짜다	6
時間	시간	8
時限	교시	7
仕事、用事	일	8
静かだ	조용하다	5
下	밑 , 아래	3
自転車	자전거	7
～しない、～くない	안	7
しばらく	잠깐만	7
事務室	사무실	5
写真	사진	5
住所	주소	1
就職する	취직하다	5

日本語	韓国語	課
ジュース	주스	7
週末	주말	3
授業	수업	3
塾	학원	6
宿題	숙제	3
出発する	출발하다	9
趣味	취미	2
小説	소설 , 소설책	8
焼酎	소주	8
職員	직원	2
食堂	식당	3
知らせる	알리다	6
知らない、わからない	모르다	4
知る、わかる	알다	4
新宿	신주쿠	4
親切だ	친절하다	5
新聞	신문	5

す

日本語	韓国語	課
推薦	추천	9
数学	수학	6
好きだ	좋아하다	5
過ごす	지내다	6
スプーン	숟가락	7
すみません	저기요	3
住む	살다	4
する	하다	3
座る	앉다	8

せ

日本語	韓国語	課
背が高い	키가 크다	3
狭い	좁다	4
千	천	7
専攻	전공	2
先週	지난주	9
先生	선생님	1
先輩	선배	6

そ

日本語	韓国語	課
掃除	청소	3
掃除する	청소하다	9
そうだ、そういえば	참	7
ソウル（地名）	서울	9
そこ	거기	2
卒業する	졸업하다	5
外	밖	1
その	그	1
祖父、お祖父さん	할아버지	7
祖母、お祖母さん	할머니	7
空	하늘	4
それ	그것 (그거)	1

た

日本語	韓国語	課
大学生	대학생	1
大丈夫だ	괜찮다	3

高い	비싸다	3
たくさん	많이	7
タクシー	택시	8
出す	내다	6
立ち上がる	일어서다	6
立つ	서다	6
タッカルビ	닭갈비	5
建物	건물	3
食べる	먹다	3
だめだ	안되다	6
誰	누구	1
誰が	누가	2
単語	단어	9
誕生日	생일	2

ち

小さい	작다	3
近い	가깝다	4
違います	아니에요	2
違う	아니다	3
近く、近所	근처	3
地下鉄	지하철	4
チケット、切符	표	11
チャプチェ	잡채	9
中学生	중학생	6
注文	주문	11
注文する	시키다, 주문하다	6

つ

机	책상	1
作る	만들다	4
点ける	켜다	6

て

～である	이다	9
手紙	편지	6
～できない	못	9
テコンドー	태권도	11
出ていく、出かける	나가다	6
では	그럼	5
デパート	백화점	3
テレビ	텔레비전	7
天気	날씨	3
電車	전철	7
伝統	전통	9
電話	전화	5
電話する	전화하다	6

と

東京	도쿄	2
東大門 (地名)	동대문	8
動物園	동물원	9
遠い	멀다	4
時計	시계	3
どこ	어디	1

歳	나이	1
図書館	도서관	1
トッポキ	떡볶이	8
とても	아주	10
隣、横	옆	3
友達	친구	2
土曜日	토요일	8
鶏肉	닭고기	5
撮る	찍다	5

な

ない、いない	없다	3
中	속, 안	3
泣く	울다	4
なさる	하시다	10
夏	여름	9
何	무엇, 뭐	1
何	몇	7
名前	이름	1
習う	배우다	6
なる	되다	6
何日	며칠	7
何の	무슨	6

に

肉	고기	5
(何) 日	일	7
日本	일본	1
日本語	일본어	1
日本人	일본 사람	1
荷物	짐	6

ね

ネクタイ	넥타이	10
寝る	자다	7
撮る	찍다	5
(何) 年	년	7
年生	학년	7

の

ノート	노트	4
飲みもの	음료수	4
飲む	마시다	3
のりまき	김밥	8
乗る	타다	5

は

はい	네, 예	1
杯	잔	8
売店	매점	3
俳優	배우	2
履く	신다	5
箸	젓가락	7
はじめて、最初	처음	5
はじめまして	처음 뵙겠습니다	1
バス	버스	5

日本語	한국어	課
パソコン	컴퓨터	3
働く	일하다	7
花	꽃	6
話す	말하다	6
速く	빨리	7
春	봄	11
春休み	봄방학	11
（何）番	번	7
パン	빵	9
ハンカチ	손수건	7
ハングル	한글	7
ハングルの日	한글날	7
番号	번호	7

ひ

ピアノ	피아노	9
ビール	맥주	3
（何）匹	마리	8
弾く	치다	9
飛行機	비행기	11
久しぶり	오래간만, 오랜만	10
左側	왼쪽	4
ビビンバ	비빔밥	11
100、百	백	7
広い	넓다	4
瓶	병	8

ふ

拭く	닦다	7
服	옷	3
釜山	부산	11
豚肉	돼지고기	5
プレゼント	선물	2
プレゼントする	선물하다	10
（何）分	분	7
文化	문화	0

へ

米国	미국	4
勉強	공부	5
勉強する	공부하다	3

ほ

ボールペン	볼펜	3
ホテル	호텔	3
本	책	4
本当に	정말	10

ま

マート、大型スーパー	마트	1
（何）枚	장	8
毎日	매일	5
前	앞	3
待つ	기다리다	6
学ぶ	배우다	6
万	만	7

み

見える	보이다	9
右側	오른쪽	4
店	가게	5
ミョンドン（地名）	명동	8
見る	보다	3
みんな	모두	4

む

向かい側	건너편, 맞은편	4
昔	옛날	9

め

（何）名	명	8
（何）名様	분	8
メール	메일	6
召し上がる	드시다	7
メニュー	메뉴	9

も

もらう、受け取る	받다	3

や

野球	야구	11
約束	약속	3
野菜	야채	5
安い	싸다	5
（学校の）休み	방학	11
休む	쉬다	4
山	산	10
山登り	등산	11

ゆ

夕方、夕飯	저녁	11
雪	눈	11
雪が降る	눈이 오다	11

よ

良い	좋다	3
読む	읽다	3
予約	예약	11
予約する	예약하다	11
よろしくお願いします	잘 부탁합니다	1

ら

来週	다음주	7

り

両親	부모님	4
料理、食べもの	음식	3
料理する	요리하다	9
旅行	여행	7
旅行する	여행하다	11
（何）輪	송이	8

れ

冷麺	냉면	3
レポート	리포트	9
連絡	연락	10
連絡する	연락하다	6

わ

著者略歴

韓　必南（ハン　ピルラム）
専門は日韓対照言語学
東京外国語大学（言語学）修士、東京外国語大学（学術）博士
現在は、中央大学兼任講師、東京外国語大学非常勤講師

全　恵子（チョン　ヘジャ）
専門は韓国語学
東京大学大学院博士課程修了、博士（文学）
現在は、中央大学兼任講師、
東洋大学、東京家政大学、二松學舍附属高校、非常勤講師

マル韓国語

検印
省略

ⓒ 2020 年 1 月 30 日　初　版発行
2024 年 1 月 30 日　第 2 刷発行

著　者　　　　　　　韓必南
　　　　　　　　　　全恵子

発行者　　　　　　原　雅　久
発行所　　　　　株式会社 朝 日 出 版 社

〒 101-0065 東京都千代田区西神田 3-3-5
電話 (03)3239-0271・72（直通）
振替口座　東京　00140-2-46008
http://www.asahipress.com/
欧友社／信毎書籍印刷

乱丁・落丁本はお取り替えいたします
ISBN978-4-255-55670-3 C1087